PSICOANÁLISIS Y EDUCACIÓN: UN DIÁLOGO DE ENCUENTROS Y DESENCUENTROS

PSICOANÁLISIS Y EDUCACIÓN: UN DIÁLOGO DE ENCUENTROS Y DESENCUENTROS

La problemática de la violencia en la escuela

Norma Alicia Sierra - Diana Andrea Delfino - Marisa Viviana Ruiz (compiladoras)

teseo

Psicoanálisis y educación : un diálogo de encuentros y desencuentros : la problemática de la violencia en la escuela / Norma Alicia Sierra ... [et al.] ; compilado por Marisa Viviana Ruiz; Diana Andrea Delfino; Norma Alicia Sierra. – 1a ed . – Ciudad Autónoma de Buenos Aires : Teseo, 2016. 96 p. ; 20 x 13 cm.

ISBN 978-987-723-088-8

1. Psicología. 2. Educación. 3. Violencia. I. Sierra, Norma Alicia II. Ruiz, Marisa Viviana , comp. III. Delfino, Diana Andrea, comp. IV. Sierra, Norma Alicia, comp.

CDD 150

Para sugerencias o comentarios acerca del contenido de esta obra, escríbanos a: **info@editorialteseo.com**

www.editorialteseo.com

ISBN: 9789877230888

Compaginado desde TeseoPress (www.teseopress.com)

Índice

Presentación

Este libro es producto de nuestro trabajo como docentes en carreras de grado y posgrado de la Universidad Nacional de San Luis y como investigadoras del Proyecto de Investigación "Educación y Psicoanálisis: Consecuencias en el vínculo educativo de las formas del síntoma que se presentan en los niños y adolescentes en la época actual", de Ciencia y Tecnología de la Facultad de Ciencia Humanas de la Universidad Nacional de San Luis (PROICO 4-1714. COD 22/H456).

Desde los diferentes ámbitos de nuestras prácticas hemos sido interrogadas por el malestar emergente en el escenario educativo, relacionado con los síntomas que presentan los niños y adolescentes en la actualidad. El inicio de nuestra indagación nos confrontó con las tendencias a la clasificación de la ciencia moderna, la cual ha impactado fuertemente en las prácticas psiquiátricas y psicológicas, dejando asimismo su huella en la cotidianeidad de la vida social y por lo tanto en la institución escolar. Las permanentes demandas de diagnósticos e intervenciones para la adaptación de los niños y adolescentes a lo social y escolar, conducen a cierto empuje a las estigmatizaciones y soluciones apresuradas que forcluyen la subjetividad. En este contexto, consideramos que es ineludible el compromiso ético a través del estudio y análisis del modo en que se presentan dichas demandas, punto de partida para la orientación de las prácticas profesionales.

La reflexión sobre el posicionamiento epistemológico y teórico de los profesionales, como así también la dimensión ética de sus prácticas, constituyen un punto crucial de análisis para no quedar atrapados, cada uno en su disciplina, por las tendencias cientificistas y de normalización de los sujetos que se construyen a partir de la combinación del discurso de la ciencia y el capitalismo en la actualidad.

En esta nueva configuración social el sujeto va quedando cada vez más restringido en sus respuestas, incitado entonces a encontrarlas por fuera del orden simbólico, de la regulación por la palabra y en consecuencia impulsando variadas formas de violencia que se manifiestan en el vínculo social.

En este libro hemos reunido una serie de textos sobre la problemática de la violencia en las escuelas. La perspectiva que nos orienta es la interrogación del lazo social y de las soluciones subjetivas a los problemas de la época dentro del escenario educativo, desde el entrecruzamiento de la Educación y el Psicoanálisis, fundamentalmente desde una ética de la singularidad que implica la praxis del Psicoanálisis de orientación lacaniana. Nos guía la pregunta por lo que éste puede y tiene para decir y aportar sobre los problemas de la subjetividad de los niños y adolescentes, sobre las formas en que se manifiestan sus síntomas en el espacio educativo y sobre las modalidades de intervención del Otro social.

1

Una conversación posible entre el Psicoanálisis y la Educación[1]

NORMA ALICIA SIERRA

Freud (1937) inició una conversación entre el Psicoanálisis y la Educación que puede verse explicitada en su aspecto más relevante al plantear que hay tres profesiones imposibles: gobernar, educar y psicoanalizar.

> Hagamos aquí una pausa por un momento para asegurar al psicoanalista que tiene nuestra sincera simpatía por las exigentes demandas que ha de satisfacer al realizar sus actividades. Parece casi como si la de psicoanalista fuera la tercera de esas profesiones "imposibles" en las cuales se está de antemano seguro de que los resultados serán insatisfactorios. Las otras dos, conocidas desde hace mucho más tiempo, son la de educar y la de gobernar (1937: 3361).

Los desarrollos freudianos sobre temas de educación inauguraron un área de investigación y debate acerca de las articulaciones, encuentros y desencuentros entre estas dos disciplinas. Uno de los puntos nodales de dichas discusiones es el interrogante sobre los aportes que el saber teórico y práctico del psicoanálisis puede ofrecer al campo educativo,

---

1 El texto es un extracto del Marco Teórico del Proyecto de Investigación "Educación y Psicoanálisis: consecuencias en el vínculo educativo de las nuevas formas del síntoma que presentan los niños y adolescentes en la época actual" PROICO 4-1714 COD. 22/H456 Ciencia y Tecnología de la Facultad de Ciencias Humanas, UNSL.

el cual conduce a modos de indagación y verificación que se producen en la misma praxis psicoanalítica, en la educativa y en el entrecruzamiento entre ambas.

El interés por la educación del fundador del Psicoanálisis forma parte de un interés más global: la dimensión cultural, la que adquirió una importancia notable para Freud alrededor de 1912-1913 a partir de su escrito *Tótem y tabú*, momento en el que ya había establecido los principales fundamentos psicoanalíticos. En su autobiografía el autor manifiesta que finalmente volvió a su interés por los problemas culturales, los que lo habían fascinado cuando era un "joven apenas con la edad necesaria para pensar" (Freud, 1924: 1779).

Assoun (2003) considera que si bien el interés por conceptualizar los problemas culturales apareció tardíamente en la obra de Freud, lo que hizo en aquel tiempo fue retomar el interés existente en su temprana edad. En tanto su aspiración no era hacer una lectura culturalista de tales problemas, tuvo que dar varios rodeos que lo condujeron a elaborar su teoría sobre el síntoma y las leyes del inconsciente para recién entonces poder dar respuestas al origen de los problemas culturales desde la perspectiva psicoanalítica de la subjetividad, guiada tanto por el principio del placer como por el más allá del principio del placer, es decir por una búsqueda de satisfacción pulsional que implica vicisitudes que no conducen necesariamente al bien del sujeto.

La preocupación de Freud por los problemas culturales y por la relación del Psicoanálisis con otros campos del saber no respondía sólo a una pasión personal, sino que formaba parte de los interrogantes y problemas con los que su investigación teórica y práctica se iba encontrando en relación a lo irreductible de la pulsión a los procesos de socialización.

En cuanto a la conexión del psicoanálisis con otros discursos, recordemos que para Freud (1923) el término *psicoanálisis* abarca tres vertientes diferentes:

Psicoanálisis es el nombre de: 1) un procedimiento que sirve para indagar procesos anímicos difícilmente accesibles por otras vías; 2) un método de tratamiento de perturbaciones neuróticas, fundado en esa indagación; y 3) una serie de intelecciones psicológicas, ganadas por ese camino, que poco a poco se han ido coligando en una nueva disciplina científica (1923: 231).

Luego de considerar la importancia del complejo de Edipo para la política, la ética, el derecho y la religión, que nacieron como una formación reactiva a dicho complejo, señala que algunos de sus discípulos hicieron comprender el valor de los puntos de vista psicoanalíticos para otros campos del saber, entre ellos la pedagogía, aunque también advierte que en su época aún no se vislumbraba el alcance de su extensión.

A partir de esta triple orientación se forjaron desarrollos psicoanalíticos teóricos y prácticos que condujeron a una concepción del sujeto y de la cultura desde la cual es posible situar el modo en que el ideal educativo de cada época obrará para la conformación de diques que drenen el curso anárquico de las pulsiones hacia los canales de la cultura. Así, la educación es entendida por el psicoanálisis como un proceso por el cual el sujeto abandonará una naturaleza primitiva para acceder a un orden cultural a través de la mediación simbólica del educador.

Ahora bien, podemos situar una serie de problemas que son nodales a la conexión del psicoanálisis con la educación. Tales problemáticas se refieren a la concepción de la cultura como fundada sobre la represión de las pulsiones; a la educación como momento práctico de la propia contradicción de la cultura, que consiste en que el niño tiene que renunciar (a las pulsiones) para poder acceder (a la cultura); a los residuos que quedan en el sujeto por haber pasado por el proceso de culturalización, y que el psicoanálisis encuentra bajo la forma del síntoma; en las semejanzas que se pueden encontrar en la posición entre el docente y el psicoanalista y en sus diferencias inconciliables.

Con respecto a la entrada del sujeto a la cultura, Freud considera, por un lado, que es fundamental la renuncia pulsional y la formación de "diques psíquicos" que drenen la pulsión hacia la cultura, pero por otro lado relativiza el poder de la educación para lograr dicho proceso. Es así que plantea la existencia de "residuos" que quedan al margen del influjo de la cultura y la aspiración del ideal educativo se enfrenta con un hecho adverso:

> el carácter profundamente reacio de la pulsión al ideal cultural, que viene a ser la prueba de la cristalización del síntoma neurótico. Efectivamente, en la figura del neurótico se demuestra el lado ineducable de la pulsión, que pone en jaque al ideal cultural, el cual, en contrapartida, cuestiona el propio ideal educativo (Assoun, 2003: 167).

Como se advierte, alrededor del proceso de culturalización del sujeto se encuentran dos profesiones muy distintas: la del clínico, que se ocupa del sujeto, del inconsciente y de los residuos pulsionales hechos síntomas; y la del educador, que se ocupa del niño para ofrecerle los bienes culturales, lo cual requiere de cierta renuncia por parte del educando, tal como lo han planteado también los teóricos de la educación, problema que Freud recoge para interrogarlo sobre la base de la experiencia del inconsciente y de la noción de pulsión.

Desde otros desarrollos del psicoanálisis, posteriores a Freud, tomamos como referencia el *retorno a Freud* propuesto por Lacan, que marcó un nuevo modo de conceptualizar y orientar la práctica analítica, con el cual se puede renovar la discusión en torno al diálogo entre Educación y Psicoanálisis.

Por un lado, a partir de Lacan el interés del psicoanálisis por los problemas culturales persiste, pero sin por ello hacer del psicoanálisis un culturalismo, sino todo lo contrario: la cultura es interrogada por el psicoanálisis por la vía de sus síntomas sociales. Retomando el espíritu freudiano, en *Función y campo de la palabra y del lenguaje en psicoanálisis* (1953), Lacan plantea abiertamente una perspectiva sobre la praxis psicoanalítica que mantiene actualidad:

> Mejor pues que renuncie quien no pueda unir a su horizonte la subjetividad de su época. Pues, ¿cómo podría hacer de su ser el eje de tantas vidas aquel que no supiese nada de la dialéctica que lo lanza con esas vidas en un movimiento simbólico? Que conozca bien la espira a la que su época lo arrastra en la obra continuada de Babel, y que sepa su función de intérprete en la discordia de los lenguajes (309).

Por otra parte, la elaboración lacaniana de los Cuatro Discursos como cuatro modos de lazo social (planteados en el Seminario 17: El reverso del Psicoanálisis 1969-1970) se pueden constituir como una herramienta teórica que permite discernir los diferentes modos de lazo social que sostienen cada una de estas prácticas discursivas. En *El Saber del Psicoanalista*, propone pensar que el lazo social se precipita "por el puro y simple efecto del lenguaje" y que "el modo por el que un discurso se ordena de modo tal que precipite un lazo social, comporta inversamente que todo lo que se articula ahí se ordena por sus efectos (Lacan, 1971-1972)" (Álvarez, 2006: 293-294).

Desde estas referencias retomamos la conexión del Psicoanálisis con la Educación, para indagar aquellos conceptos que nos permiten abrir una reflexión enmarcada en la búsqueda de mayor precisión acerca de las intervenciones en el campo educativo que pueden orientarse por los principios psicoanalíticos, sin perder por ello la especificidad disciplinar que a cada uno le compete desde lo teórico y lo práctico.

Bibliografía

Aromí, A. (2008). "¿De qué encierro se trata?", en Cuadernos 6: Modos de encierro, publicación del CIEN Centro interdisciplinario de estudios sobre el niño. Buenos Aires.

Aleman, J. (2008). "El Lazo y el Síntoma", publicada en Virtualia, revista digital de la EOL. Recuperado de http://goo.gl/KmMJzB

Assoun, P. L. (2003). *Freud y las ciencias sociales*. España. Ediciones del Serbal.

Freud, S. (1923 [1922]). *Dos artículos de enciclopedia: Psicoanálisis y Teoría de la libido*, en Obras Completas, Tomo XVIII (1993). Argentina. Amorrortu.

Freud, S. (1937). *Análisis terminable e interminable*, en Obras Completas, Tomo III (1973). Madrid, España. Biblioteca Nueva.

Freud, S. (1924). *Autobiografía*, en Obras Completas, Tomo III (1973). Madrid, España. Biblioteca Nueva.

Freud, S. (1917). *Lecciones introductorias al Psicoanálisis*, en Obras Completas, Tomo II (1973). Madrid, España. Biblioteca Nueva.

Freud, S. (1929). *El malestar en la cultura*, en Obras Completas, Tomo III (1973). Madrid, España. Biblioteca Nueva.

Freud, S. (1913). *Múltiple interés del Psicoanálisis*, en Obras Completas, Tomo III (1973). Madrid, España. Biblioteca Nueva.

Lacan, J. (1948). "La agresividad en psicoanálisis", en *Escritos I* (2003). Buenos Aires. Siglo XXI.

Lacan, J. (1953). "Función y campo de la palabra y del lenguaje en psicoanálisis", en *Escritos I*. Argentina. Siglo XXI.

Lacan, J. (1969-1979). *El seminario Libro 17: El reverso del Psicoanálisis*. Argentina. Paidós. 1° reimpresión (1992).

Laurent, E. (2004). *Ciudades analíticas*. Buenos Aires, Argentina. Tres Haches.

Miller, J. A. y Laurent, E. (2005). *El Otro que no existe y los comités de ética.* Buenos Aires, Argentina. Paidós.

Miller, J. A. (1986). "Variantes de la cura – tipo", en *Umbrales del análisis.* Buenos Aires. Manantial.

Tizio, H.; Nuñez, V. y otros (2005). *Reinventar el vínculo educativo: aportaciones de la pedagogía Social y del Psicoanálisis.* Barcelona, España. Gedisa.

2

Aportes desde el Psicoanálisis para repensar el vínculo educativo[1]

NORMA ALICIA SIERRA

Introducción

Comenzaremos por situar las manifestaciones sintomáticas que se observan en la actualidad en los niños y adolescentes, como son los problemas relacionados con el aburrimiento, las compulsiones, las adicciones, las violencias, entre otros. El punto de referencia del que partimos es el concepto de síntoma, y a partir de allí, la articulación que propone el Psicoanálisis entre pulsión y síntoma, como así también entre el síntoma y el malestar en la cultura de cada época. Esto implica inscribir el síntoma en el lazo social en el cual se manifiesta ubicando así su envoltura formal.

Partimos de la definición que Freud (1917) nos ofrece sobre el síntoma en sus "Lecciones Introductorias al Psicoanálisis":

---

[1] El texto contiene la propuesta y la primera clase del Seminario de Extensión Universitaria: "Las formas del síntoma en la escuela actual: aportes desde el psicoanálisis para repensar el vínculo educativo", organizado desde el Proyecto de Investigación "Educación y Psicoanálisis: Consecuencias en el vínculo educativo de las formas del síntoma que se presentan en los niños en la época actual", PROIPRO 4-2212, COD 22 H/ 250. Dictado en 2013 en la Universidad Nacional de San Luis.

El síntoma se forma como sustitución de algo que no ha conseguido manifestarse al exterior. Ciertos procesos psíquicos que hubieran debido desarrollarse normalmente hasta llegar a la conciencia, han visto interrumpido o perturbado su curso por una causa cualquiera, y obligados a permanecer inconscientes, han dado, en cambio, origen al síntoma (1917: 2297).

De esta definición podemos extraer una idea general sobre la formación del síntoma como sustitución simbólica, donde algo que concierne a la pulsión es transformado en otra cosa, que para el sujeto tiene una significación alejada de lo que le dio origen, a través de la cual alcanza la conciencia de manera deformada.

Más adelante, en la Conferencia 23 "Vías de formación de síntomas" (1917) aclara este mecanismo:

De los síntomas neuróticos sabemos ya que son efecto de un conflicto surgido en derredor de un nuevo modo de satisfacción de la libido. Las dos fuerzas opuestas se reúnen de nuevo en el síntoma, reconciliándose, por decirlo así, mediante la transacción constituida por la formación de síntomas, siendo esta doble sustentación de los mismos lo que nos explica su capacidad de resistencia. Sabemos también que una de las dos fuerzas en conflicto es la libido insatisfecha, alejada de la realidad y obligada a buscar nuevos modos de satisfacción. Cuando ni aun sacrificando su primer objeto y mostrándose dispuesta a sustituirlo por otro logra la libido vencer la oposición de la realidad, recurrirá, en último término, a la regresión y buscará su satisfacción en organizaciones anteriores y en objetos abandonados en el curso de su desarrollo. Lo que la atrae por el camino de la regresión son las fijaciones que fue dejando en sus diversos estadios evolutivos (1917: 2346).

Quedan definidas de este modo dos vertientes del síntoma, una que tiene que ver con la satisfacción pulsional por medio de la transacción que implica desviar los caminos para su logro, y otra que implica el simbolismo propio del síntoma.

Esta doble vertiente conducirá a Lacan a precisar la concepción psicoanalítica sobre el síntoma, ubicando su envoltura formal y su núcleo real de goce, es decir el síntoma como mensaje a descifrar, y el síntoma como un modo de goce en sí mismo. También sitúa en esta doble vertiente lo que cambia según la época, es decir su envoltura formal y lo que no cambia, lo que se mantiene constante, que es lo pulsional encerrado en dicha envoltura formal.

Para su formación, el síntoma toma elementos de su contexto, constituyéndose en un medio del que dispone el sujeto para particularizarse en su lazo al Otro. Esta articulación entre el síntoma y lo social ha sido ampliamente desarrollada por Miller (2005) al explicar la perspectiva lacaniana según la cual la pulsión encuentra en el Otro un camino para su satisfacción:

> la pulsión misma empuja al campo del Otro, donde encuentra los semblantes necesarios para mantener su autoerotismo. El campo del Otro se extiende hasta el campo de la cultura, como espacio donde se inventan los semblantes, los modos de gozar, que son formas de satisfacer la pulsión. Como estos son por supuesto móviles, se establece cierto relativismo. En el nivel de un sujeto están marcados por cierta inercia, y por eso aceptamos inscribir el síntoma de un sujeto en el registro de lo real (2005: 386).

Esta forma de entender la relación del sujeto con lo social nos permite leer los distintos modos de presentación de los síntomas en relación al malestar en la cultura de cada época, a partir de la interrogación de los significantes amo que prevalecen en la actualidad, de los ideales imperantes, de los mandatos sociales, en síntesis, todo aquello que conforma el discurso del Otro social respecto del cual los sujetos toman los elementos formales con los cuales constituyen sus síntomas.

Es a partir de estas consideraciones que podemos situar los síntomas que se despliegan en el interior de la escuela, desde la perspectiva de los síntomas sociales, como efecto de las tramas vinculares que se dan en su seno, configuradas por las subjetividades de la época.

A su vez, las nuevas configuraciones subjetivas producen efectos en el ámbito educativo, generando diferentes formas de malestar. Con respecto al contexto educativo en el cual se manifiestan, tomamos como punto de partida el concepto de vínculo educativo, entendido como una interrelación entre el docente, el alumno y el conocimiento, atravesado por múltiples determinaciones.

Violeta Nuñez (2005) da cuenta de la complejidad del vínculo educativo, partiendo de la idea herbartiana sobre el trabajo educativo, diferenciando entre el sujeto de la educación, el agente educativo y los contenidos de la educación. De acuerdo a la autora, el vínculo educativo debe ser analizado desde sus tres componentes y las relaciones que se establecen entre sí.

El primer elemento es el sujeto de la educación, el cual:

> debe disponerse al arduo trabajo civilizatorio. Esto es, debe consentir o admitir una cierta violencia o coacción pedagógica: ha de separarse de lo instintual; limitar las apetencias; constreñir el capricho; para canalizarlos en la dirección y maneras que cada cultura establece (2005: 28).

El segundo elemento es el agente de la educación, cuya función es transmitir el patrimonio cultural existente a las nuevas generaciones, para lo cual debe ejercer una violencia simbólica que arranque al sujeto de la apetencia conocida y lanzarlo al mundo amplio, a través del acceso a las claves de la cultura. Teniendo en cuenta los desarrollos freudianos sobre el acceso del sujeto a la cultura, la función civilizadora de la educación es coextensiva a la función instructiva, es decir a la enseñanza de contenidos, de los conocimientos escolarizados. Por lo tanto, no se trata de que el docente intervenga directamente sobre el niño y su subjetividad, sino que sepa establecer un vínculo educativo en el cual se ponga en juego su deseo de enseñar, que ofrezca recursos culturales para que el alumno realice la ardua tarea anteriormente planteada.

El tercer elemento lo constituyen los bienes culturales que son seleccionados para su transmisión de acuerdo a la época, y "cuya transmisión garantiza el acceso de los recién llegados a la cultura en un sentido plural, a la circulación social en un sentido amplio" (Nuñez, 2005: 29). En efecto, los contenidos son los que median y articulan al sujeto de la educación con el agente de la educación. No hay una relación directa entre alumno y docente, sino que ésta es mediada por el conocimiento. Cuando esta mediación desaparece se produce un desplazamiento y declive de la función educativa.

La pregunta que se introduce es acerca de cómo inciden las nuevas formas del síntoma en el vínculo educativo en la escuela actual.

Repensar el vínculo educativo desde los aportes del Psicoanálisis

El vínculo educativo, de acuerdo a las conceptualizaciones aportadas hasta aquí, implica la relación que se establece entre el docente, el alumno y el conocimiento, el cual está atravesado por distintas variables; desde cuestiones sociales en sentido amplio hasta las cuestiones más singulares, que remiten a la subjetividad de cada uno, tanto de los alumnos como de los docentes.

Ubicamos como eje de análisis dos conceptos psicoanalíticos, el síntoma y la pulsión, para indagar el modo en que éstos se articulan en la actualidad en aquellas manifestaciones sintomáticas que producen un malestar muy característico de la época en que vivimos, inherente a lo que podríamos llamar cierta desregulación del cuerpo y por lo tanto del sujeto respecto al lazo social, a su manera de vincularse a lo social.

Podríamos decir que en la escuela del siglo XX, el niño aceptaba ciertas reglas sociales que marcaban su cuerpo y su modo de relación con el Otro y con los objetos, cediendo una parte de sí para consentir al vínculo educativo. Esto se producía a través de la imposición de ciertas reglas por medio de la autoridad sostenida por el docente. Un ejemplo de esto es la demanda al niño de permanecer sentado detrás de un pupitre por cierta cantidad de tiempo, como condición para la tarea escolar. Esta lógica educativa actualmente va dejando de tener operatividad en las escuelas. Con esto no queremos decir que estemos de acuerdo con los métodos utilizados tradicionalmente, no pretendemos hacer juicios de valor que nos alejarían del eje que queremos analizar. Lo que nos interesa resaltar ahora es que en su contexto cumplían con cierta operatividad, pero que debido a los cambios sociales, a las subjetividades de nuestra época, tales métodos ya no logran alcanzar el consentimiento del alumno para el aprendizaje. La escuela sin embargo no deja de pretender hacerlos funcionar, confrontándose a su propio fracaso.

Esos métodos se enmarcaban en un modo de normativizar la entrada del niño en el espacio escolar. Seguramente la mayoría reconocemos que fue la modalidad con que aprendimos cierto marco de conducta, de aquello que se esperaba que hiciéramos para entrar en la sociedad, más allá de los límites del hogar. ¿Qué es lo primero que solemos percibir en la actualidad al entrar a las aulas? Niños correteando, deambulando, cuerpos inquietos, escasez de juego, adultos impotentes para encauzar dicha energía infantil hacia el aprendizaje.

Proponemos leer esta situación como síntoma, en tanto es algo que para el propio sujeto produce un malestar, que concierne a su cuerpo, a una energía no controlable que desde el Psicoanálisis se llama pulsión.

En sentido general, los síntomas son todo aquello que "no anda", que muestra que lo establecido para un sujeto, para una institución, o incluso para un orden social se encuentra en cierto modo perturbado, enloquecido, sin respuesta conocida para resolverlo.

A su vez, es necesario tener en cuenta que el síntoma se inscribe en el lazo social en el cual se manifiesta, toma la "forma" del marco cultural, del Otro[2]. Si bien la estructura general de toda formación sintomática puede ser igual en todas las épocas, es decir que hay ciertas coordenadas que nos permiten entender cómo es que se constituye un síntoma —remitimos al lector a las definiciones freudianas expuestas—, éste va a formarse tomando elementos de la cultura. Ciertos significantes, modelos, ideales, a través de los cuales se manifiesta.

Freud planteaba que un síntoma es una formación sustitutiva de un conflicto inconsciente. Para el sujeto hay satisfacciones que están marcadas por lo imposible, lo prohibido, y por lo tanto reprimidas, pero que de todos modos buscarán exteriorizarse a través de mecanismos inconscientes de sustitución. Para manifestarse, deberán poder sustituirse en alguna forma de satisfacción relativamente permitida, y entonces el impulso reprimido tiene que valerse de un simbolismo, encontrado por cada sujeto en el Otro.

Los impulsos reprimidos encuentran una exteriorización a través de la utilización de "otros ropajes", conformando lo que se denomina "envoltura formal del síntoma". Es decir que bajo ciertas circunstancias, el sujeto no puede

---

2 Otro: término tomado de la teoría de Jacques Lacan, que hace referencia al orden simbólico que antecede al sujeto y en el cual éste se constituye. El Otro se refiere a una otredad que existe más allá del sujeto, como portador de la ley y del lenguaje, y hace referencia a lo simbólico. Es el tesoro de los significantes, esa entidad de la que cada sujeto particularmente recibe o atrapa los significantes. Un sujeto tan solo puede encarnar ese lugar para otro sujeto, y es en ese lugar que la palabra se constituye. En tanto que el gran Otro hace aparecer por un lado al sujeto dividido por el significante, y por el otro, a su ser descartado, o sea objeto.

admitir algún tipo de satisfacción "pulsional" de manera directa. Se produce entonces una sustitución de ese camino de satisfacción por otro, un poco más complejo, más indirecto, constituyendo un síntoma, o podríamos decir un arreglo sintomático del sujeto con lo reprimido.

El síntoma tiene una parte que no se modifica en su relación a lo social, a la época; y otra que sí es variable. Retomemos entonces ambas vertientes del síntoma para luego pensar sobre la manera de presentación de aquellos que se manifiestan en el escenario escolar actual.

Una vertiente del síntoma tiene que ver con una moción pulsional, algo del orden de lo reprimido, que no puede ser admitido por el sujeto. Este aspecto estructural del síntoma no cambia con la época; eso funciona de ese modo, siempre así. Estamos haciendo referencia a la relación entre síntoma y pulsión. La pulsión, concepto psicoanalítico que Freud forja para diferenciar la vida anímica del ser humano como diferente del animal. Este último está guiado por instintos que siguen un único y mismo camino, con objetos de satisfacción ya predeterminados e inamovibles. La pulsión, por el contrario, puede ligarse a diferentes objetos y es una fuerza constante que busca siempre su satisfacción, no renuncia, a lo sumo podrá encontrar modos sustitutivos de satisfacerse.

Otra vertiente del síntoma, su envoltura formal, el simbolismo que adquiere cada síntoma en particular, la forma que toma el modo sustitutivo en que eso reprimido se va a tratar de satisfacer, sí cambia según la época, porque el material significante que toma para expresarse es el que cada sujeto encuentra en el Otro social.

Por lo tanto, si bien la estructura del síntoma no cambia, éstos van adquiriendo formas distintas según la época; es su parte variable.

Nuestra época se caracteriza por la debilidad respecto de ese Otro que ofrece el marco simbólico para colaborar con la elaboración psíquica, subjetiva que cada uno debe hacer para forjar su lazo social. Es decir, para poder renunciar a la satisfacción inmediata de lo pulsional, acceder a cierta regulación, a cierto régimen que permita elaborar alguna manera singular de obtener por medio de ese camino, una posibilidad de vínculo social al mismo tiempo que alguna forma de satisfacción.

Lo que se acaba de plantear estaría en relación con las pulsiones, con la búsqueda de modos de satisfacción, de la formación de síntomas que concierne a lo más singular que hay en cada uno, al modo en que cada sujeto transitó el proceso de constitución subjetiva. Pero hay que pensar que, a su vez, los síntomas de cada uno también se ponen en juego en los vínculos sociales. En las relaciones de amistad, de pareja, en las instituciones, en cualquier circunstancia de encuentro con otros.

Entonces, si pasamos de ese nivel de singularidad a algo más general, que sería cómo se manifiesta en el encuentro con los otros eso que tiene que ver con el síntoma de cada uno, nos encontramos con problemas que son inherentes al vínculo social. Es allí donde proponemos interrogar los problemas a partir de estas nociones, con estas herramientas teóricas y clínicas. Por lo tanto, se podría decir que se trata de ubicar los problemas que se presentan en el vínculo educativo a partir del encuentro, de la interface, entre el discurso analítico y el discurso educativo.

Nos interesa la indagación acerca de los modos en que los síntomas se presentan y toman forma en las instituciones educativas y el modo en que las mismas leen e intervienen respecto a dichos síntomas. Para esto es necesario, por un lado, tener en cuenta esta vertiente más simbólica, más social del síntoma, pero no sería posible sin abordarlo desde una perspectiva singular, del caso por caso.

Esto implica precisar los efectos subjetivos de la interacción entre las prácticas institucionales por un lado, y el discurso psicoanalítico por el otro. No se trata de una psicología social ni de una sociología, sino de centrarnos en el mismo discurso psicoanalítico para establecer un diálogo con los modos de funcionamiento de otros discursos.

Con respecto a las prácticas en la institución educativa, trabajamos sobre algunas consideraciones conceptuales como puede ser la transferencia, la relación del sujeto con el saber, como también algunas experiencias prácticas, para pensar de qué manera es que las mismas pueden orientarse a partir del psicoanálisis.

Algunos puntos para explorar los lugares de encuentro y desencuentro entre el discurso psicoanalítico y el educativo son:

1- Lo irreductible del síntoma al lazo social.

2- ¿Cómo hacer escuchar el síntoma en la institución?

3- Los efectos de angustia ante la pretensión universalizante de los protocolos y clasificaciones.

4- Las salidas singulares al malestar frente a las identificaciones segregativas.

Lo que proponemos es:

-Explorar la fecundidad de los impasses del discurso del amo frente a lo intratable del síntoma.

-Examinar el lugar que las instituciones pueden dejar a la singularidad, al trabajo con el "uno por uno" tanto del caso como del practicante.

-Producir un efecto de amor a la singularidad en un momento de la civilización en el que esa singularidad está ocupada por el individualismo.

-Capacidad del Psicoanálisis de producir efectos de discurso haciendo escuchar la resonancia de los efectos de resistencia del síntoma a su tratamiento institucional.

Bibliografía

Freud, S. (1917). *Lecciones introductorias al Psicoanálisis*, en Obras Completas, Tomo II. (1973) Madrid, España. Biblioteca Nueva.

Freud, S. (1932). *¿Por qué la guerra?*, en Obras Completas. Vol. XX. (1992). Buenos Aires. Amorrortu.

Freud, S. (1908). *Fantasías histéricas y su relación con la bisexualidad*, en Obras Completas. Vol. IX. (1992). Buenos Aires. Amorrortu.

Freud, S. (1925-1926). *Inhibición, síntoma y angustia*, en Obras Completas Vol. XX. (1992). Buenos Aires. Amorrortu.

Freud, S. (1915). *Pulsiones y sus destinos*, en Obras Completas. Vol. XIV. (1992). Buenos Aires. Amorrortu.

Freud, S. (1905). *Tres ensayos de Teoría Sexual*, en Obras Completas. Vol. VII (1992). Buenos Aires. Amorrortu.

Ramírez Ortiz, M. (2008). *Siempre hemos sido agresivos, pero han variado las formas de expresión*. Santa Fe, Argentina.

Tizio, H.; Núñez, V. y otros (2005). *Reinventar el vínculo educativo: aportaciones de la pedagogía Social y del Psicoanálisis*. Barcelona, España. Ediciones Gedisa.

Zelmanovich, P. (2003). "Contra el desamparo", en *Enseñar hoy. Una introducción a la educación en tiempos de crisis*. Dussel, I. y Finocchio, S. (comps.). Buenos Aires. Fondo de Cultura Económica.

3

El vínculo social

SAMANTA DENIA WANKIEWICZ

En 1930 Freud escribe la idea de que la cultura es un proceso al servicio de Eros que busca reunir a los individuos aislados, logrando su cometido a través del establecimiento de una ligadura libidinal entre ellos. Pero también escribe que a este programa de la cultura se opone la pulsión agresiva natural de los seres humanos, la hostilidad de uno contra todos y de todos contra uno.

Toda relación social, plantea, tiene como base una rivalidad, que se transforma en lo contrario, es decir, los sentimientos sociales surgen de la coerción que se ejerce para vencer la rivalidad permanente entre los miembros de la generación joven; o como dice Freud, la de los herederos del asesinato del padre. Así vemos cómo el "amor social", lejos de ser originario, es el resultado de una inversión de la relación de "odio", al que le proporciona una salida. Por tanto, el "vínculo social" sirve para erotizar la agresividad, aunque se nutre de ella subterráneamente.

La presencia de esta inclinación agresiva en el ser humano actúa como un factor perturbador en la conformación de nuestros vínculos con el prójimo; a raíz de esto, la sociedad se encuentra bajo una permanente amenaza de disolución, por lo que la cultura debe movilizarlo todo para limitar esas pulsiones y lo hace a través de formaciones psíquicas reactivas, destina métodos que nos impulsan hacia identificaciones y vínculos amorosos de meta inhibida, que ponen límites a la vida sexual y que instauran, entre otros,

31

el mandato ideal de amar al prójimo como a sí mismo, que se enarbola por no haber nada que contraríe más a la naturaleza humana (Freud, 1930).

Para Freud, la masa puede mantenerse cohesionada bajo la existencia de un Ideal del yo común para todos los miembros del grupo, que opera bajo la figura de un líder al que todos aman y con el cual se identifican. Se da una doble ligadura libidinal, por un lado la de todos los miembros con éste, y por otro, de los miembros entre sí, lo cual es posible gracias a este aspecto que todos comparten: el amor y la identificación con el líder.

La existencia de un grupo con el que se estrechan lazos al producirse identificaciones permite que la inclinación agresiva se mantenga fuera del mismo, "siempre es posible ligar en el amor a una multitud mayor de seres humanos, con tal que otros queden fuera para manifestarles la agresión" (Freud, 1930: 111). De este modo observamos que una lógica estructurante, constituyente del grupo, es la presencia de un elemento extraño al mismo. A esta hostilidad, dirigida a aquellos ajenos al propio grupo le llamó "narcisismo de las pequeñas diferencias" (Idem). Freud ve aquí una salida cómoda e inofensiva de la inclinación agresiva.

Resulta interesante, en relación a este planteo, analizar e identificar en cada contexto con qué significantes, con qué rasgos del discurso social se constituye eso "extraño" que queda por fuera.

Ahora bien, en relación a la cohesión grupal, cuando el líder se ausenta las cosas cambian al interior del grupo, la ligazón entre los miembros se rompe, quedando sólo una enorme angustia sin sentido. Es este aspecto el que podemos vislumbrar en la época actual teniendo en cuenta la transición y momento crítico por el que está atravesando la antigua noción de autoridad.

Se observa hoy un debilitamiento de las instituciones que deviene en un debilitamiento de los lazos sociales y de los ideales. Por lo tanto, la institución escolar se ve también atravesada por estos cambios sociales pudiendo pensar a la irrupción actual de la violencia en este ámbito como una consecuencia de esta crisis, "no hay nadie que ocupe, según la interpretación freudiana, el lugar del Ideal del yo y cohesione entre sí a los sujetos involucrados" (Baldini y Bonfante, 2011: 104).

Nos encontramos frente a un momento histórico con las características de la hipermodernidad, donde el consumo ocupa el lugar de ideal, dejando al sujeto solo con el objeto de consumo, los individuos no se colectivizan como lo podrían hacer frente a un determinado Ideal, se fragmenta el vínculo, se fractura el lazo social, por lo tanto la relación entre Eros y Thánatos también cambia.

Goldenberg (2008) escribe "la relación de identificación con un líder o un significante del ideal o un ideal en común eso hace masa" (58).

Bauman (2005) considera que una característica de la época, es la construcción de vínculos frágiles entre seres humanos. Observa que existe una reticencia al establecimiento de relaciones largas por el compromiso que las mismas implican. Los vínculos duraderos oprimen, se presentan como productores de una dependencia paralizante. A pesar de esto, observa la paradoja de la presencia de una gran avidez por estrechar lazos, aunque éstos no puedan permanecer en el tiempo.

Hoy, con las nuevas tecnologías, las relaciones cara a cara, dadas en un encuentro físico con el semejante se ven reemplazadas por las relaciones virtuales, aparece el término "conexión", sustituyendo al de "relación". De una conexión virtual se puede entrar y salir fácilmente; puede ser disuelta sin mayores consecuencias por su condición de virtual, por lo que Bauman (2005) considera que un rasgo que puede presentarse en algunas de las relaciones humanas de hoy es la capacidad de construir y disolver vínculos, sin quedar, en ciertos casos, con heridas profundas. Lo cual puede conducir a que la desunión en las relaciones supere a la composición de las mismas.

En todo vínculo humano se presentan rasgos de dependencia: primariamente el ser humano depende de Otro para constituirse como sujeto; al mismo tiempo, como plantea Ons (2006), también se precisa de un Otro en falta que sostenga un deseo que permita al sujeto alojarse en él.

Hoy en día, el capitalismo, como plantea Sennett (2000), trata a la dependencia como un aspecto vergonzoso de la condición humana, lo cual da como resultado que no se promuevan vínculos fuertes. La pregunta "¿quién me necesita?" se transforma con el capitalismo moderno. El sistema irradia indiferencia en tanto no hay razón para ser necesitado. Lo hace a través de la reestructuración de instituciones en las que la gente es tratada como prescindible. Esto acarrea que una persona experimente sensaciones de ser poco importante o necesario para los demás.

Es interesante pensar estas cuestiones en el mundo de las relaciones que acontecen entre docentes en una escuela y con los adultos que comparten junto a los docentes el cuidado de los niños.

Por otra parte, sabemos que la existencia de una comunidad, el establecimiento de lazos entre sus miembros, precisa de la construcción y respeto de un contrato social que establezca una regulación de esa convivencia. Kiel (2006) manifiesta que existen períodos de estabilidad en los que este contrato es reconocido y respetado por la gran mayoría, transmitiéndose de generación en generación sin mayores dificultades, pero existen otros momentos, como los actuales, en los que este pacto deja de ser reconocido y respetado, cuestionándose sus contenidos. En relación a esto, podríamos preguntarnos si existe alguna conexión entre esta nueva modalidad de establecimiento de lazos, caracterizados por su fragilidad y fácil ruptura, con las dificultades de la actualidad para reconocer, respetar e incluso construir un contrato social.

La conmoción del contrato social, explica Zelmanovich (2003), se ve reflejada en la sociedad cuando se transgreden normas elementales, se producen manifestaciones de abuso y se cometen actos corruptos. Esta situación impacta fuertemente en los más jóvenes que se hallan desprotegidos de propósitos y expuestos a una violencia sin sentido de la cual terminan por apropiarse.

Todos estos elementos de la época deben ser considerados al momento de ubicar los emergentes sintomáticos de un determinado momento histórico, ya que todo sujeto es el resultado tanto de una historia individual como social.

Bibliografía

Baldini, G.; Bonfante, M. (2011). "Una travesía por la noción de autoridad". En Goldemberg, M. (comp.), Violencia en las escuelas. Buenos Aires, Argentina. Grama Ediciones.

Bauman, Z. (2005). Amor líquido. Buenos Aires. Fondo de Cultura Económica. (Trad.: Mirta Rosenberg y Javier Arambide).

Castro, M. P.; Lamota, V. y Carraro, I. (2011). "Adolescencia en la hipermodernidad". En Goldemberg, M. (comp.), Violencia en las escuelas. Buenos Aires, Argentina. Grama Ediciones.

Freud, S. (1930 -[1929]). "El malestar en la cultura". Obras completas, Vol. XXI (2001). Buenos Aires. Amorrortu.

Goldenberg, M. (2008). "Lazo social y violencia". En Observatorio Argentino de violencia en las escuelas. Cátedra abierta: Aportes para pensar la violencia en las escuelas. Buenos Aires. Ministerio de Educación de la Nación.

Lacan, J. (1948). La agresividad en psicoanálisis. Escritos I. (2003). Buenos Aires. Siglo Veintiuno.

Lacan, J. (1949). El estadio del espejo como formador de la función del yo (je) tal como se nos revela en la experiencia psicoanalítica. Escritos I. (2003). Buenos Aires. Siglo Veintiuno.

Núñez, V. (2005). "El vínculo educativo". En Tizio, H. (coord.). Reinventar el vínculo educativo: aportaciones de la Pedagogía Social y del Psicoanálisis. Barcelona, España. Editorial Gedisa.

Ons, S. (2009). Violencia/s. Buenos Aires. Paidós.

Zelmanovich, P. (2003). "Contra el desamparo". En Dussel, I. y Finocchio, S. (comp.). Enseñar Hoy. Una introducción a la Educación en tiempos de crisis. Buenos Aires. Fondo de Cultura Económica.

4

La violencia desde el Psicoanálisis

NORMA ALICIA SIERRA Y SAMANTA DENIA WANKIEWICZ

En el ser humano hay dos tendencias pulsionales adversas, que en parte se coordinan en la mayoría de las funciones vitales, pero otras se contraponen y luchan entre sí. A estas dos fuerzas pulsionales Freud (1920) las denominó de vida y de muerte.

Las pulsiones de vida tienden a la conservación de la vida, y a la reunión en unidades cada vez mayores, es decir a la unión del ser humano con otros miembros de su especie. La pulsión de muerte, por el contrario, pugna por disolver esas unidades y reconducirlas al estado inorgánico inicial.

Para Freud (1930), la inclinación agresiva "es una disposición pulsional autónoma, originaria del ser humano" (117), y la cultura encuentra en ella su obstáculo más poderoso. La cultura es un proceso al servicio del Eros, que busca reunir a los individuos aislados conformando lo que llamamos la humanidad, contrariamente a la pulsión de muerte que busca la disolución de estas uniones.

A su vez, el autor ve a la destructividad del ser humano como una expresión de la pulsión de muerte orientada hacia el exterior. La cultura es el escenario en el que se desarrolla la lucha entre Eros y Thanatos. "La misma se inscribe en las diferentes modalidades de expresión del odio, que van desde el rechazo al otro hasta su destrucción" (Tendlarz, 2009: 15).

En "El porqué de la guerra" (1932), Freud subrayó que la pulsión de muerte no puede estar ausente de ningún proceso de la vida; enfrenta permanentemente a Eros, las pulsiones de vida. Cada una de estas pulsiones es tan indispensable como la otra y "la acción eficaz conjugada y contrapuesta de ambas permiten explicar los fenómenos de la vida" (Freud, 1930: 115).

Ambas pulsiones se presentan juntas en las diferentes actividades de la vida del ser humano, es difícil captarlas en estado puro, aunque las de vida resultan más evidenciadas, a diferencia de la pulsión de muerte que es una presencia silenciosa, muda. Siempre están ligadas a cierto monto de la otra, lo que hace que se modifique su meta, o bien, que pueda alcanzarse; así, por ejemplo, las pulsiones de autoconservación, de naturaleza erótica, precisan disponer de agresión para alcanzar su objetivo.

Aunque no siempre la pulsión de muerte acompaña fines benéficos, más bien aparece como un representante de las fuerzas de fragmentación y dispersión, convirtiéndose en un obturador del desarrollo cultural, "ella trabaja dentro de todo ser vivo y se afana en producir su descomposición, en reconducir la vida al estado de la materia inanimada" (Freud, 1932: 194). Pero, como ya hemos expuesto, no sólo trabaja dentro del ser vivo, sino que también se orienta hacia el exterior, hacia los objetos.

Este entreverado pulsional también se presenta en los lazos sociales que estrecha el ser humano, por lo que las pulsiones agresivas acompañan a todo vínculo, incluso a aquellos teñidos de amor y ternura, siendo difícil renunciar a ellas por el displacer que esto invocaría.

Así, bajo esta observación, en el texto anteriormente citado Freud (1932) escribe:

> El ser humano no es un ser manso, amable, a lo sumo capaz de defenderse si lo atacan, sino que es lícito atribuir a su dotación pulsional una buena cuota de agresividad. En consecuencia el prójimo no es solamente un posible auxiliar

y objeto sexual, sino la tentación para satisfacer en él la agresión, explotar su fuerza de trabajo sin resarcirlo, usarlo sexualmente sin su consentimiento, desposeerlo de su patrimonio, humillarlo, infringirle dolores, martirizarlo y asesinarlo (108).

La cultura sólo podría edificarse

sobre la renuncia de lo pulsional, precisamente, en la no satisfacción, mediante sofocación, represión, de poderosas pulsiones. Esta "denegación cultural" gobierna el vasto ámbito de los vínculos sociales entre los hombres; ya sabemos que esta es la causa de la hostilidad contra la que se ven precisadas a luchar todas las culturas (96).

La cultura edificada de este modo no permite la libre tramitación de las pulsiones, generando un malestar que surge de este inevitable desencuentro entre lo pulsional y la cultura, para todos los seres humanos.

Asimismo, a pesar de su represión, las mismas no pueden domeñarse, y siempre buscarán satisfacerse, por lo que Freud plantea la imposibilidad de educar a las pulsiones, que son acéfalas y anárquicas, "es decir que no responden a un amo, y menos aún a un sujeto" (Naspartek, 2006: 53). Las mismas buscan nuevos modos de satisfacción cuando no pueden hacerlo de un modo directo, ya sea por la vía del amor, la sublimación o el síntoma.

Frente a tal caracterización de la presencia pulsional en los seres humanos, Freud (1930) considera que sólo es posible la convivencia humana cuando se cohesionan los individuos en una mayoría que resulta más fuerte que los individuos aislados, siendo este pasaje de lo individual a lo colectivo el paso cultural decisivo. Esto quiere decir que el sujeto renuncia a la satisfacción de sus pulsiones a cambio de la seguridad y protección que le brinda la inserción en la cultura, regulada por leyes que ponen un coto a la satisfacción pulsional directa.

Esta unión de individuos en un grupo mayor es lo que da forma al Derecho. Hoy podríamos decir que violencia y derecho se oponen, pero haciendo una revisión histórica podemos ver que éste toma forma a partir de la primera como un modo más civilizado de violencia.

Originariamente el hombre habría resuelto los conflictos con sus congéneres a través de la fuerza bruta, la imposición del más fuerte sobre el más débil. Esto se ve modificado cuando varios de los miembros de la comunidad se unen para hacer frente al más fuerte dando forma al derecho, dando existencia a la constitución de una ley que regula los lazos. La violencia de uno, el más fuerte, se ve quebrada por la reunión de varios miembros. El derecho se constituye entonces como el poder de una comunidad, en oposición a la violencia del único. Pero para que se consume ese paso de la violencia de uno a la conformación del derecho, es necesario, subraya Freud (1932), que esa unión de individuos sea permanente y duradera para que pueda enfrentar cualquier otro intento de violencia.

Actualmente se hace referencia a una fractura de los lazos sociales, la cual no tiene que ver con la ausencia de leyes que protejan y cuiden de la seguridad de las personas, sino con las dificultades para su aplicación. Así como en la familia encontramos que siguen existiendo leyes, no hay quien las aplique, es decir no hay quien diga "no". La "decadencia de la función paterna" anunciada por Lacan de manera temprana en su obra, hay que entenderla de ese modo, es en ese punto en el que alguien tiene que encarnar el "no", la prohibición como también el permiso, donde dicha función ya no es operativa en la actualidad.

El derecho es una violencia instituida, explica Gerez Ambertín (2011), la diferencia es que la violencia individual pone en riesgo la tranquilidad y permanencia de los miembros del grupo, en cambio la instituida y aceptada persigue la tranquilidad y preservación de la comunidad.

Freud (1930) plantea que para que los individuos renuncien a sus pulsiones deben tener la seguridad de que existirá un orden jurídico justo, que no se incline a favor de algún individuo en particular y por otro lado que esta renuncia a sus propias pulsiones les permita acceder a la seguridad de que no serán víctimas de la violencia por parte de otros miembros de la sociedad.

Para la conformación y regulación de los vínculos sociales es necesaria la captura del sujeto por la ley, sin esto no sería posible la constitución del sujeto ni el entrelazamiento de éste con el cuerpo social. Como ya quedó planteado con Freud, es necesario que la cultura limite la libre tramitación pulsional, y es inevitable que este encuentro entre cultura y pulsión desemboque en un malestar irreductible, "la cultura se edifica sobre la renuncia de lo pulsional" (Freud, 1930: 96).

La culpa revela la interiorización de la ley en la subjetividad y nos otorga la conciencia moral, por lo que revela un posicionamiento subjetivo respecto de la misma.

La inscripción de esa ley tiene una contracara, ese don que otorga deja como resto una deuda simbólica, que es preciso pagar respetándola, lo cual compete a la responsabilidad del sujeto. Pero por otro lado brota una tentación, la de transgredirla, la de ir más allá de lo permitido, conformada como superyo. Esta ley tiene su eficacia simbólica pero, a la vez, porta fallas, agujeros:

> la ley prohíbe matar; el lado oscuro de la ley tienta y precipita en esa ley loca que incita a matar [...] de la ley se espera lo que regula del deseo, pero de ella se recibe, también, lo que escapa de esa regulación: la violencia mortífera (Gerez Ambertín, 2011: 5).

Una vez instaurada esa ley a través del Derecho, se presentan, tanto en la subjetividad como en la sociedad, dos efectos posibles: uno pacifica, el otro incita a la violencia. Aquel pacificador se encuentra ligado al deseo, que regula la subjetividad y el lazo social porque hace aplicar la prohibición; del otro lado, su reverso, el imperativo superyoico, que puede producir la desubjetivación o la desinstitucionalización del sujeto: la anomia.

Lacan, en "El estadio del espejo como formador de la función del yo [je] tal como se nos revela en la experiencia psicoanalítica" (1949) y en "La agresividad en psicoanálisis" (1948) hace referencia al término agresividad y no al de violencia; proponiendo al primero como algo propio de la estructura narcisista, que se da en el plano imaginario.

Escribe: "La agresividad es la tendencia correlativa de un modo de identificación que llamamos narcisista y que determina la estructura formal del yo del hombre y del registro de entidades característico de su mundo" (Lacan, 1948: 102). Es decir que podemos hablar de una agresividad estructural. La misma alcanza desde el acto consumado hasta la palabra hablada, conformando así una gama que incluye "desde una palabra cifrada (el síntoma, los actos fallidos), los laberintos de la palabra misma, pasando por los actos de efecto simbólico hasta la crudeza contundente de la violencia misma hecha acto" (Rossi, 1984: 62).

Lacan (1948) plantea que la agresividad nos es dada como "intención de agresión", escenificándose como anticipo, preludio del acto agresivo. Es sólo intención aunque puede incluir al acto, este agota la intención. Ésta puede manifestarse a través de la palabra y de imágenes.

Esta relación erótica en que el individuo humano se fija en una imagen que lo enajena a sí mismo, tal es la energía y tal es la forma en donde toma su origen esa organización pasional a la que llamará su yo.

Esa forma se cristalizará en efecto en la tensión conflictual interna al sujeto, que determina el despertar de su deseo por el objeto del deseo del otro: aquí el concurso primordial se precipita en competencia agresiva, y de ella nace la tríada del prójimo, del yo y del objeto (Lacan, 1948: 106).

Este plano imaginario en el que se constituye el yo tiene una lógica que le es propia, la de la ausencia de diferencias, encubriendo así toda posibilidad de falta o castración, por lo que en esta relación narcisista hay una imposibilidad de asimilar lo diferente, ajeno o imperfecto.

El yo imprime su imagen a la realidad, construye el mundo a su imagen y semejanza, modo de identificación narcisista que "determina la estructura formal del yo del hombre y del registro de entidades característico de su mundo" (Lacan, 1948: 102); proyecta sus propios atributos sobre el mundo, apropiándose de lo que lo confirma y excluyendo aquello que atenta contra su estructura narcisista, lo "completo", lo "perfecto".

El brillo del objeto imaginario deslumbra, exacerba la envidia y la rivalidad, su principal atractivo es ser el objeto que imaginariamente satura el deseo del otro sin dejar resto. Esta sensación de plenitud, propia del yo ideal se ve atacada cuando aparece otro con las características imaginarias de perfección y completud; en la lógica imaginaria no hay lugar para dos, o es uno o es otro, por lo que se desencadena la agresividad propia de esta dimensión ante la posible amenaza de fragmentación y evidencia de la carencia.

Este otro que se muestra colmado y perfecto empuja al deseo de destrucción y muerte, ya que en él se percibe la propia perfección, pero como ajena al yo. Esta agresividad imaginaria ataca la integridad de la imagen ideal por lo que se presenta un deseo de aniquilar al rival para poder poseerlo todo. La misma es planteada como aquella tensión agresiva que caracteriza a todo vínculo con el otro, y que Lacan conceptualiza a partir de su manifestación como intención agresiva en el sujeto. "La intención se expresa en palabras. Se habla mientras se considere la palabra como eficaz, de no ser así se recurre al acto. El acto sobreviene cuando la palabra cae, agota sus posibilidades" (Rossi, 1984: 62).

El Ideal del yo le aporta un emblema al narcisismo, así es que se atempera la agresividad imaginaria. Es decir que esa identificación al Ideal del yo tiene una función sublimatoria, opera a un nivel simbólico que pone orden a aquel imaginario que por estructura es paranoico.

Tal como lo propone Lacan (1948), "lo que nos interesa aquí es la función que llamaremos pacificante del *ideal del yo*, la conexión de su normatividad libidinal con una normatividad cultural, ligada desde los albores de la historia a la *imago* del padre" (109).

Bibliografía

Freud, S. (1920). *Más allá del principio del placer*. Vol. XVIII, Obras completas (2001). Buenos Aires. Amorrortu.

Freud, S. (1930 [1929]). *El malestar en la cultura*. Vol. XXI, Obras completas (2001). Buenos Aires. Amorrortu.

Freud, S. (1932). *¿Por qué la guerra?* Vol. XXII, Obras completas (2001). Buenos Aires: Amorrortu.

Freud, S. (1932). *Nuevas conferencias introductorias al psicoanálisis: Lección 32.* Vol. XXII, Obras completas (1993). Buenos Aires. Amorrortu.

Gerez Ambertín, M. (2011). Clase N° 3 Ley, sociedad y subjetividad. Del curso Diploma Superior en Psicoanálisis y Prácticas Socio-Educativas. Cohorte 3. FLACSO Virtual.

Lacan, J. (1938). *La familia*. (1978). Buenos Aires/Barcelona. Argonauta.

Lacan, J. (1948). *La agresividad en psicoanálisis*. Escritos I. (2003). Buenos Aires. Siglo Veintiuno.

Lacan, J. (1949). *El estadio del espejo como formador de la función del yo (je) tal como se nos revela en la experiencia psicoanalítica*. Escritos 1. (2003). Buenos Aires. Siglo Veintiuno.

Naspartek, F. (2006). *Introducción a la clínica con toxicomanías y alcoholismo,* clase V. Buenos Aires. Grama.

Núñez, V. (2005). "El vínculo educativo". En Tizio, H. (coord.) *Reinventar el vínculo educativo: aportaciones de la Pedagogía Social y del Psicoanálisis.* Barcelona, España. Gedisa.

Núñez, V. (2006). *Apuntes acerca de la violencia en niños y jóvenes: una lectura desde la pedagogía social.* Conferencia, Facultad de Humanidades y Ciencias de la Educación de la Universidad de la República, Montevideo, Uruguay.

Ons, S. (2009). *Violencia/s.* Buenos Aires. Paidós.

Rossi, L. (1984). "La agresividad". En *Lecturas de Lacan Escritos I.* Buenos Aires, Argentina. Lugar Editorial.

Tendlarz, S. y García, D. (2009). *Psicoanálisis y criminología. ¿A quién mata el asesino?* Buenos Aires, Argentina. Grama.

5

Reintroducir la subjetividad en contextos de violencia escolar[1]

Norma Alicia Sierra, Marisa Viviana Ruiz, Claudia Belardinelli,
Diana Andrea Delfino y María Noelia Castillo

Introducción

Para analizar la problemática de la violencia en las escuelas es necesario considerarla a partir de las transformaciones sociales y culturales suscitadas a partir del último siglo, marcadas por la caída de los grandes ideales que sostenía el relato de la modernidad. Tradicionalmente la autoridad estaba representada por figuras profesionales tales como el político, el médico, el psicoanalista, el docente, a quienes se les suponía un saber en base a valores e ideales propios de la época. La decadencia de estos ideales recae directamente sobre la función de la autoridad.

Una de las transformaciones más relevantes se refiere a la relación que se establece entre el individuo y la cultura. Lo propio de esta relación de acuerdo a lo postulado por Freud (1930) es que la cultura exige al individuo renuncias a las satisfacciones directas de la pulsión, como condición para su entrada a la cultura, la cual una vez instaurada exige más renuncias, generando un malestar que se manifiesta a través del síntoma.

---

[1] Trabajo presentado en el simposio "El psicoanálisis frente a la problemática actual de la violencia en las escuelas". San Luis 2015. UNSL.

Sin embargo esta fórmula no es pertinente para pensar el mandato del discurso actual, el que no exige renuncias, sino por el contrario es un empuje al consumo y al goce compulsivo, en el marco de un vacío de sentido.

Este desorden en lo simbólico afecta profundamente los lazos sociales y una de sus formas de manifestación son los distintos tipos de violencia que se manifiestan en el vínculo educativo.

Cuando surge la violencia debemos preguntarnos de entrada, ¿es violencia del sujeto o de su Otro?, ¿es un hecho del sujeto o un hecho de su *partenaire*, de su familia, su institución, de las condiciones del Otro en las cuales habita el sujeto?, ¿es un síntoma individual o social?

¿Cuál es el rol del psicoanalista en las instituciones educativas y qué intervenciones pueden orientar su práctica en relación a las dificultades que se presentan en el vínculo educativo?

El psicoanálisis frente a la problemática actual de la violencia en las escuelas

A lo largo de la historia diferentes discursos se entretejieron en torno al niño y al lugar de la infancia determinando posiciones y modos de abordaje posibles, hasta llegar al siglo XX, que fue denominado "el siglo del niño". En el transcurso de éste se produjo también un importante avance de las ciencias; quizás por ello no haya sido casual que estas últimas, en su encuentro con el niño, lo propusieran como incógnita y avanzaran en un esfuerzo por apresar su mundo. En particular ciertos enunciados provenientes de los discursos médicos y pedagógicos influenciaron en el modo en que nuestra cultura construyó nuestra idea de niño, y de las relaciones de éste con sus padres y las instituciones.

En combinación con el acelerado avance de la tecnología, la ciencia es un permanente factor de transformación del lazo social, que en su confianza ciega dice de su no saber sobre la pulsión de muerte, como así también de su desconocimiento de la causa subjetiva del sufrimiento.

¿Qué factores marcaron el tránsito del siglo XX al XXI? El paso por la posmodernidad, signada por la caída de los grandes ideales que sostuvieron el proyecto moderno, momento en el cual se hace abiertamente manifiesta la decadencia de la función paterna anunciada por Lacan en la década del 30 deja huellas en las instituciones sociales, atravesadas fundamentalmente por un declive de la función de la autoridad tradicional en la sociedad.

En este contexto, el crecimiento de los fenómenos de violencia se hace presente en las noticias mediáticas, en los relatos de profesionales y docentes, en las demandas de las instituciones educativas. El nuevo malestar en la civilización es efecto de la combinación del discurso de la ciencia con el capitalismo, entramado que promueve una búsqueda de satisfacción inmediata sin mediación ni pregunta, en la cual la subjetividad queda elidida.

Las consecuencias en las subjetividades de estas coordenadas de época se hacen entonces tema de reflexiones y análisis, ante la necesidad de encontrar caminos alternativos al anhelo imposible de reinstalar formas de autoridad que ya no operan al modo que lo podían hacer en la llamada sociedad tradicional. Perla Zelmanovich (2009) advierte que: "Hay un 'diagnóstico' llamado 'crisis de autoridad' que se realimenta y que se extiende al campo educativo en las versiones más variadas". Señala que las apatías y las impulsividades son dos formas de manifestaciones en las que se apoyan estas versiones. Y explica que:

> Cuando estas dificultades sólo se enmascaran bajo los ropajes de la mentada crisis, se visten de construcciones que están al servicio de alimentar y cohesionar imaginarios y sentires colectivos que lejos de aportar a pensar una autoridad que se

pueda sostener en las coordenadas sociales y culturales actuales, apelan a la nostalgia de una autoridad fuerte o a la abstención de toda autoridad posible (Zelmanovich, 2009: 37).

Estas *ficciones socializadas*, como las llama Markos Zafiropoulos (2002), suelen montar una pantalla hecha de un *ideal de autoridad fuerte* que en tiempos pasados habría existido y que hoy sería necesario restituir.

Para dar cuenta de esta crisis de autoridad desde la perspectiva psicoanalítica nos remitimos a dos referencias de Freud sobre la relación del sujeto con la cultura. En el *Malestar en la cultura* (1930) afirma que la cultura se forma a partir de una renuncia por parte del sujeto a la satisfacción directa de sus mociones pulsionales, lo cual a su vez implica la instauración de una compleja intrincación entre la prohibición y la ley. Las pulsiones tendrán que procurarse caminos más complejos y derivados para su satisfacción, lo cual no será sin un saldo de malestar tanto para el individuo como para la cultura.

Por otra parte, en el texto *Psicología de las masas y análisis del Yo* (1920) plantea su teoría acerca de la formación de la masa. En ésta el Ideal del yo es un lugar simbólico ocupado por el líder, quien mantiene la cohesión entre los sujetos, que bajo el mismo Ideal se identifican entre sí a nivel del Yo ideal, produciendo de este modo un efecto homogeneizador en la formación social de la masa.

Si nos atenemos a estas explicaciones básicas sobre la formación y sostenimiento de los lazos colectivos, es lícito interrogarnos de qué manera cambia el lazo social a partir de la declinación cultural de los grandes ideales y de la función de la autoridad a lo largo del siglo XX, que como poéticamente describió Enrique Santos Discépolo (1935), fue un siglo XX cambalache, problemático y febril… en el que "se ha mezclao la vida, y herida por un sable sin remaches, ves llorar la Biblia, contra un calefón…". Como vemos, los artistas siempre están un paso adelante, y el tango nos contaba sobre la dispersión de los vínculos sociales, pudiendo comprender ahora que esta disgregación social es efecto de la combinación de la crisis de la autoridad con el advenimiento de la sociedad capitalista hipermoderna, en la cual el sujeto mismo se ha transformado en un objeto de consumo más. El objeto de consumo está por delante del sujeto.

Goldenberg (2008) plantea que nos encontramos frente a una dispersión propia de las sociedades de consumo, en donde aparecen los consumidores en sus individualidades, solos con su objeto, sin establecer lazos entre ellos, sin hacer lazo social por la ausencia de un ideal que los aúne. Hoy los sujetos se reúnen por su cercanía en los modos de goce (satisfacción). En este sentido es que decimos que la combinación entre la ciencia y el mercado ofrece medios para que el lazo se sostenga con esta modalidad, haciendo existir así grupos cuya única referencia es su modo de goce, como el caso de las tribus urbanas, o los grupos de "homosexuales", "transexuales", entre otros, pudiendo construir una lista interminable que va ubicando a cada individuo bajo un nombre, pero en cuyo interior lo que cada uno puede tener en común con el otro, no es nada en común, porque en sí, el goce es absolutamente autista, solitario. La condición que los aúna es que gozan del mismo modo, cada uno en su individualismo y soledad, quizás el ejemplo paradigmático actual sea el de los "solos y solas".

Tal vez sea más apropiado hablar de "comunidades de goce" en relación a estas modalidades de agrupamiento, con la dificultad que éste término implica, pero que nos permite aproximarnos a comprender algo de la fragilidad del lazo social en la actualidad, como así también de los intentos de los sujetos de armar un lazo sobre el trasfondo de su inexistencia. "Es lo que descubre el Psicoanálisis: estructuralmente no hay relación. Luego cada uno se las arregla para inventar los lazos que puede" (Tudanca, 2010). En este sentido, cualquier agrupamiento que se haga sobre la base de un mismo modo de gozar, más que demostrar la disolución cada vez mayor de los lazos sociales tradicionales son una respuesta a eso.

Estas respuestas pueden situarse a partir de las enseñanzas del Psicoanálisis, sabemos que cada uno de nosotros define su humanidad por el hecho de estar alojado en un discurso, en un lazo con el Otro. No existe pues sujeto sin Otro. Sin embargo, en muchos de estos casos, no pretendemos generalizar, los intentos de construir un Otro simbólico se hace sobre la base de armar una comunidad sostenida solo en identificaciones imaginarias, como el caso de la vestimenta, la música, las preferencias sexuales, entre otros, articulados fuertemente al consumo y a la consecuente segregación del sujeto.

Nos preguntamos entonces: ¿Cómo reintroducir la subjetividad en este momento de fragmentación y ruptura de los lazos sociales?

Hicimos referencia a la formación de la cultura y a la psicología de las masas, a la articulación de la ley con la prohibición, a la función simbólica de los Ideales, y todo ello remite al concepto de función paterna, que Lacan desarrolla a partir de su lectura de los textos freudianos. Esta función como soporte de la ley posibilita el ingreso del sujeto al orden de la cultura, es condición de posibilidad para una estructuración normativa del sujeto en la medida en que logra introducir al "cuerpo del desborde pulsional" en una regulación social. Constituye una apuesta, en tanto es una invocación al Otro en su función, orientada a que un sujeto advenga, sea este hijo o alumno, para que pueda responder y ubicarse en la vida con un deseo singular.

La función paterna anuda al sujeto con el lenguaje, pone a su disposición el recurso de la palabra, el recurso simbólico. Introduciendo marcas simbólicas que refieren al saber que construyen las leyes sobre lo prohibido y lo permitido en la cultura, produciéndose de esta manera un anudamiento del deseo con la ley.

Resulta relevante pensar los avatares actuales de la función paterna, la forma en que han impactado las transformaciones de la sociedad moderna en los modos en que se ejerce y cómo quienes están llamados a encarnarla ven afectados los lugares simbólicos que ocupan. Pensar en la eficacia de este operador en la actualidad constituye un punto crucial en el tratamiento del conflicto entre pulsión y cultura en el campo educativo.

El problema que se abre a los adultos es desde qué posición asumir una función de autoridad, porque el modo como un sujeto ocupa un lugar está en relación a la posición desde la cual se asume una función, de este modo la actualidad interpela a todos aquellos que habrán de encarnar a ese Otro.

Perla Zelmanovich (2009) sostiene que "en tiempos de transformaciones culturales como las que vivimos, la autoridad se puede sostener a condición de inventar nuevas ficciones, […] al estilo del teatro en el que los personajes son protagonistas cada uno con un papel a desempeñar" (40). Inventar nuevas ficciones es producir un "sí" que habilite al sujeto en la inscripción social, para que entonces pueda producirse un "no", un límite eficaz. Si no es albergado colectivamente algo del deseo propio de cada uno, se empuja al sujeto a la hostilidad que despierta todo encuentro segregativo, los "no" que se producen quedarían entonces operando como límite que demarca la exclusión y no la regulación.

Teniendo en cuenta lo expuesto hasta aquí, podemos ver que hay dos maneras diferentes de plantearse las lógicas colectivas, una modalidad es la perspectiva de la regulación, la otra es la del control. Tomamos en este punto como referencia las diferencias entre las sociedades disciplinarias y las sociedades de control, estudiadas por Foucault y Deleuze, para comprender la actualidad institucional desde la cual proponemos pensar alternativas frente al problema que nos convoca: las manifestaciones de la violencia en la educación.

Un ejemplo de estas propuestas alternativas es la idea de Meirieu (1998) respecto a la construcción de *una institución anti pasaje al acto*, en la cual se sostengan espacios y modos de vinculación que hagan posible que la violencia se canalice por otros medios que no sea por el pasaje al acto directo.

Para la existencia de este tipo de experiencias es importante en primer lugar, comprender que el eje de lo educativo es la transmisión de un saber por medio de una práctica educativa que se dirija a la filiación simbólica de los sujetos, habilitándolos a ubicarse como herederos del patrimonio cultural y social que se construyó a lo largo de la historia. En ella, es responsabilidad de las generaciones adultas transmitir conocimientos, y de las nuevas, apropiárselos construyendo sus propios recorridos.

Pero junto a la necesidad de enlazar a los sujetos a un discurso que propicie su inscripción en un lazo, surgen situaciones que, interpretadas desde el saber hegemónico como "aquello que no marcha", refieren a uno de los dilemas a los que de manera cotidiana se enfrenta la práctica educativa: la articulación del "para todos" que al mismo tiempo permita alojar la singularidad del "uno por uno" (Zelmanovich, 2009).

En la escuela pública tradicional el "para todos" se forjó en torno a la necesidad de formación de una identidad nacional, todos a la misma edad, todos el mismo guardapolvo, los mismos rituales, frente a los mismos símbolos patrios, todos tenían que aprender lo mismo y al mismo ritmo, priorizando con ello la homogenización que forjara una identidad individual y social.

El docente ubicado en este discurso, introduce al sujeto en un orden simbólico, en un marco social en el que opera un "para todos" que lo disciplina, regulaciones que hacen al funcionamiento de lo común, que disciplina y ordena. Esta modalidad de normalización fue estudiada por Canguilhem (1971), quien explica cómo se produce este orden de asunción por parte del individuo de las normas sociales.

Sin embargo, ante cualquier método de normalización, siempre hay un desajuste estructural, algo que no encaja en "la norma", hay una imposibilidad estructural de subsumir lo singular en lo universal, lo cual conlleva un malestar subjetivo y social. Este malestar puede querer ser controlado, anulado, o por el contrario nos puede orientar con respecto a la posibilidad de dar lugar a la emergencia subjetiva.

Desde una posición homogenizante, el sujeto que aprende, se transforma en un receptor y consumidor pasivo de un saber codificado, al mismo tiempo que ubica al docente y a los libros de texto en el lugar de autoridades. De este modo, aprendizaje y disciplina coinciden en estrecha relación, para lograr objetivos indiscutidos y absolutamente pertinentes a la función educativa: disciplinar, adaptar, reproducir y transmitir los saberes y bienes culturales de generación a generación.

No obstante, cuando se normativiza a los sujetos convirtiéndolos en transmisores o repetidores despojados de la posibilidad de criticar, imaginar, crear, el Otro se presenta desde una posición de "todo poder" para definir al sujeto mediante la evaluación de resultados -cuyo efecto puede ser el fracaso escolar- o para nombrar a través de un diagnóstico el malestar existente -situaciones de violencia, déficit de atención-. La primacía de este saber que se apodera de la verdad, expresa las dificultades para otorgar sentido a todo aquello que acontece y con ello, el sujeto queda a la deriva sin un lugar donde alojarse, dimensión simbólica de la exclusión que deja por fuera lo que hace síntoma.

En una posición de saber sobre el niño que se sostiene en un lugar implícito de todo poder, el docente, en tanto representante de los ideales o imperativos culturales, se instituye como un Otro que sabe, sabe un saber sostenido en los significantes amo de la época, de la ciencia y como tal se dirige al niño tomándolo como objeto de la acción educativa, despojándolo de la palabra propia. Pero lo que desde este discurso no marcha y hace síntoma, pone de manifiesto la impotencia misma del saber para regular la pulsión.

Reconocer la imposibilidad de la regulación plena de la pulsión por la vía de lo simbólico, es decir de la ley, permite abrir un lugar a la pregunta y acoger la novedad que representa cada sujeto en su singularidad. Implica reconocerlo como sujeto deseante, pero al mismo tiempo, reconocerse en su propia incompletud, asumiendo a la vez la responsabilidad de inscribirla en los marcos de la época ya que los nuevos escenarios sociales y culturales a los que hemos referido, dan cuenta de la ineficacia de las viejas respuestas a las nuevas dificultades educativas.

Por lo tanto, sin desentenderse de las regulaciones que hacen al funcionamiento de lo común: uno referido a la regulación de los impulsos y la introducción de un cierto orden (disciplina) y otro propiamente referido a la transmisión de un saber y a la formación, efectos subjetivos de esa transmisión (Sanabria, 2007), la escuela puede ser la ocasión para crear una nueva forma de lazo social que permita al niño encontrarse con la posibilidad de decir algo de su propia posición subjetiva.

La propuesta es que los adultos nos ubiquemos como destinatarios del niño, de lo que él tiene para decir, para ayudarlo a articular su padecimiento en un discurso. Esto implica hacer pasar su síntoma por la palabra. No se trata de interpretarlo en los espacios de trabajo educativo o social, sino de llegar al punto en que pueda ponerle y ponerlo en las palabras, y eso ya es una barrera contra la impulsión destructiva.

Dar lugar a la palabra a partir de aquello que no funciona, requiere de un Otro que posibilite la elaboración simbólica, que permita al niño nombrar de algún modo eso que le sucede, posibilitándole subjetivar su malestar.

Este cambio de posición, supone para el docente asumir su propia incompletud, correrse a un lugar de docta ignorancia, un saber ignorado que sabe. Se trata de no saber sobre el sujeto, opuesta a aquella en la que quedaba como modelo a seguir en la que sabe todo acerca de todo, pero sobre todo que sabe todo acerca del niño, y que posee los significantes para nombrarlo. Dar lugar a la incertidumbre, abordar lo enigmático implica incorporar lo incierto que todo acto educativo conlleva.

De este modo, en lugar de empeñarse en borrar el síntoma, lo más singular del niño, supone otorgarle un lugar para que a partir de éste pueda encontrar y desplegar un modo singular de estar en la cultura.

Bibliografía

Canguilhem, G. (1971). *Lo normal y lo patológico*. Buenos Aires. Siglo XXI editores.

Freud, S. (1921). *Psicología de la masas y análisis del yo*. Obras completas. Vol. XVIII. (2004). Buenos Aires. Amorrortu.

Freud, S. (1930 [1929]). *El malestar en la cultura*. Obras completas. Vol. XXI. (2001). Buenos Aires. Amorrortu.

Goldenberg, M. (2008). "Lazo social y violencia". En *Observatorio Argentino de violencia en las escuelas. Cátedra abierta: Aportes para pensar la violencia en las escuelas*. Buenos Aires. Ministerio de Educación de la Nación.

Laurent, E. (2009). "El delirio de normalidad". En revista Virtualia Nº 19. Recuperado en http://goo.gl/z6pkSl

Meirieu, P. (1998). *Frankestein educador*. Barcelona. Alertes Psicopedagogía.

Ons, S. (2009). *Violencia/s*. Buenos Aires. Paidós.

Sanabria, A. (2007). "El vínculo educativo: apuestas y paradojas. El deseo de enseñar entre la función civilizadora y el discurso universitario". Revista Paradigma, Vol. XXVIII. Nº 2. 197-210. Editorial UPEL Maracay.

Tudanca, L. (2010). "Comunidades sin común posible". Recuperado en http://goo.gl/6aBU9T

Zafiropoulos, M. (2002). *Lacan y las Ciencias Sociales*. Buenos Aires. Nueva Visión.

Zelmanovich, P. (2003). "Contra el desamparo". En Dussel, I. y Finocchio, S. (comp.) *Enseñar Hoy. Una introducción a la Educación en tiempos de crisis*. Buenos Aires. Fondo de Cultura Económica.

Zelmanovich, P. (2009). "Nuevas ficciones para la producción de nuevas autoridades". En revista El Monitor N° 20. Publicación del Ministerio de Educación de la Nación Pizzurno 935 – (C1020AC) Ciudad Autónoma de Buenos Aires. Argentina.

6

De la generalidad de la definición a una mirada orientada a particularizar la situación[1]

Animarnos a mirar nuestra práctica

LAURA NOEMÍ SCHIAVETTA, GRACIELA PELLEGRINI
Y PATRICIA GABRIELA PÉREZ

Introducción

El presente trabajo responde a la inquietud que genera el término *violencia* y la intención de propiciar una mirada reflexiva que pueda orientarse por la particularidad de una situación escolar.

En nuestros días, la palabra *violencia* se escucha con frecuencia, su uso generalizado conlleva a que nominemos rápidamente con dicho término diversas situaciones que acontecen en la sociedad y particularmente en la escuela.

Las instituciones tienen la posibilidad de hacer uso de documentos que ofician de marco legal orientador para abordar situaciones conflictivas, sin embargo la práctica concreta en las escuelas nos ubica de lleno en la particularidad de una situación que va más allá de la generalidad de una definición o marco legal.

---

[1] Trabajo presentado en el simposio "El psicoanálisis frente a la problemática actual de la violencia en las escuelas". San Luis, 2015. UNSL.

Recordemos que la violencia ha existido desde que el hombre es hombre. Sólo que en esta época toma características singulares. Se trata de una violencia diseminada que atraviesa todos los escenarios sociales, "es ubicua" (Ons, 2009: 15), sin límites que oficien como diques de contención. Escuchamos hablar de ella en todo espacio vivencial, como también a través de los medios de comunicación generalizados.

Nuestra propuesta nos orienta a despejar la idea de violencia como concepto generalizado para introducirnos en una mirada que permita situar el desencadenamiento de una situación con características violentas, permitiéndonos, de este modo, revisar nuestra práctica habitual.

La escuela y las situaciones de violencia

Las demandas que se reciben dentro de las instituciones educativas, en principio, resultan antagónicas frente a situaciones con características violentas que irrumpen en el escenario escolar. Por un lado, se exige una regulación eficaz con procedimientos tendientes a superar los avatares de los desencuentros entre sus actores, y por otro, mayor posibilidad de satisfacción de necesidades de sus individuos. Esta situación deja a los adultos sin saber muy bien qué hacer.

Se suele identificar rápidamente con el nombre de "violencia" acontecimientos que, en la escuela, no responden exactamente a esa terminología, o si constituye efectivamente "un episodio violento" los adultos suelen quedar paralizados, confundidos, y hasta desdibujados frente a lo que niños y adolescentes traen al escenario educativo como modo de solicitar su presencia.

La Institución Educativa es el ámbito donde se desarrolla el vínculo educativo, vínculo que enmarca una relación asimétrica entre docente y alumno mediatizado por el conocimiento.

Hebe Tizio (2005) nos recuerda que este vínculo es del orden de lo particular. No es de una vez y para siempre entre un agente y un sujeto de la educación, por el contrario, en el cotidiano devenir de ese encuentro con los alumnos la tarea se presenta dificultosa, compleja y hasta difícil.

La autora afirma que hay que reinventarlo en cada momento, a cada instante y con cada sujeto. Es en este punto donde se localizan los modos propios con los que cada uno puede arreglárselas frente a una situación problemática. Puede haber una resolución razonable o bien puede haber un mal modo o solución fallida que dará lugar a la salida sintomática (alumnos que molestan o agreden, gritos y desborde en una clase, entre otros).

La asimetría necesaria en el vínculo educativo exige prestar atención a la presencia adulta frente a niños y adolescentes como modo de ordenar-regular aquello que los desborda en un momento cultural donde pareciera que todo está permitido. Ante el torbellino pulsional que agita al sujeto, no se puede perder de vista que dicha agitación conduce a la búsqueda de respuestas en los adultos.

Quizás una de las dificultades radica en que los adultos, inhibidos en la tarea de promotores y posibilitadores, no logran trabajar sobre la construcción de variantes. Una de ellas podría ser permitirse, junto a otros adultos, construir instancias que los saquen de la soledad para actuar en los ambientes donde los niños y jóvenes transitan.

Entre los Límites y la función del Síntoma

El hombre, a lo largo de la historia, fue necesitando crear cultura para poder vivir con otros. Freud, en 1930, nos advierte: "el ser humano no es un ser manso, amable, a lo sumo capaz de defenderse si lo atacan, sino que es lícito atribuir a su dotación pulsional una buena cuota de agresividad" (Freud, 1930: 108).

La cultura implica la creación de ideales y, con ellos, ciertos límites que conllevan la renuncia a satisfacciones que pudieran poner en riesgo la convivencia con el resto de los hombres. Dicha renuncia a la satisfacción pulsional que va imponiendo el desarrollo cultural genera malestar, y la sublimación de la misma constituirá, a su vez, el motor de la cultura y lazos sociales. No obstante ello, la cultura lograda continuará produciendo y exigiendo mayores renuncias.

La norma surge de la cultura. Es una referencia, puesto que delimita un campo de acciones posibles y otras no posibles.

En el ámbito de la educación la norma se ha convertido en una dificultad durante los últimos años. Las discusiones suelen ir de un extremo a otro, de un intento de normativizar todo en la vida de los niños y adolescentes, sin fisuras, a dejarlos "en banda" como nos recuerdan Silvia Duschatzky y Cristina Corea (2002). La situación normativizante nos deja ante una mayor problemática, puesto que cuanto más se insiste en normativizar menos posibilidades tienen los sujetos de regularse. El "exceso" de norma opera borrando toda implicación subjetiva, pero la ausencia de límites también trae aparejada algunas dificultades subjetivas. Finalmente tomar el asunto por el problema de cuántas normas, cuántos límites poner, si más o menos, conduce a un callejón sin salida.

Esta temática nos interroga por lo que acontece en los escenarios escolares. En la escuela se habla de lo que no anda, y a modo de ejemplo se escucha decir "los chicos no hacen caso o no escuchan, se golpean, los límites no son suficientes". Frecuentemente se habla de estos aspectos, pero en la generalidad de los enunciados se pierde precisión.

¿Cómo abordar un tema tan candente de una manera sencilla, que permita iniciar un diálogo y avive el interés por continuar investigando?

El psicoanálisis puede orientar constituyendo un punto de anclaje donde resignificar nuestro "ser y hacer" ante situaciones dilemáticas derivadas de sucesos propios del escenario escolar. El concepto de *síntoma* es una herramienta para poder leer estos acontecimientos.

Freud, a lo largo de su obra, ha realizado una cuidadosa construcción conceptual del síntoma. En 1901, trabajando sobre verbalizaciones corrientes y sencillas del hombre, sostiene: "Estas acciones sintomáticas expresan algo que quien las ejecuta no sospecha de ellas y porque (a regla general) no se propone comunicar, en este sentido se comportan desempeñando el papel de unos síntomas" (188). A su vez agrega: "significa algo que quien lo ejecuta no quiere decir directamente y [...] ni sabe decir" (191).

Hablar de *síntoma* implica comprender la idea de un funcionamiento que da cuenta de que algo pasa. Algo que supone una causa, pero ni el niño o adolescente, ni el docente, saben de qué se trata.

Los psicoanalistas que trabajan con docentes en las escuelas son quienes pueden propiciar instancias orientadoras. ¿Orientar sobre qué? Básicamente sobre la importancia de ubicar aquello que presentan los niños o los adolescentes en la escuela como una forma de expresión, como un mensaje dirigido a Otro a la espera de ser decodificado. Puede ser una dificultad, un modo de trato poco esperable, una pelea, un golpe, entre otros. Lo importante a delimitar es que, ese modo de expresión dirigido a Otro, da la oportunidad para empezar a construir un vínculo singular con ese sujeto.

Lacan, en su retorno a Freud, nos recuerda la importancia de las formaciones del inconsciente y el lugar de la formación del síntoma. Sin detenernos en profundizaciones teórico-clínicas de ese período de la enseñanza de Lacan, retomamos la noción de síntoma que se vuelve hablante a partir de encontrar un destinatario, un Otro a quien dirigirlo.

Desde esta conceptualización de síntoma como mensaje se puede abrir un espacio de escucha para alojar algo de lo que irrumpe como violento en la escuela. Poner palabras a lo ocurrido, dar lugar a que un niño o adolescente pueda hablar sobre lo sucedido constituye un movimiento de acotamiento de ese hacer disruptivo, del empuje pulsional. Es preciso ubicar que no se trata de hablar de cualquier cosa, ni a modo de catarsis, situación que sólo coloca en el mismo lugar de partida. ¿De qué se trata entonces? Básicamente de apostar a que quien habla pueda, en su decir, nombrar e interrogarse acerca de su propio malestar.

Si atendemos a esto, ya nos posicionamos en un lugar que no se corresponde con el de enfrentamiento, ni con el desvalimiento. Por el contrario, nos preguntamos *¿por qué hizo lo que hizo?*, abriendo —de este modo— una nueva escena sobre la ya acaecida.

La práctica por la pregunta sobre el otro era bastante frecuente en otro momento cultural, pero se ha ido desdibujando en un contexto social cada vez más individualista como el que vivimos. Retomar la práctica por la pregunta frente a la irrupción de una conducta con características violentas permite abrir un espacio para la escucha y la circulación de la palabra, alojando el malestar dentro del vínculo social.

La teoría freudiana señala la importancia de abordar el síntoma de manera indirecta, puesto que si se lo hace directamente se presenta con mayor insistencia. Cuestión que conduce a otro concepto fundamental del psicoanálisis: la *transferencia*. Noción que puede resultar de interés para el campo de la educación.

Si se trata de vivir con otro, de *con-vivir*, de dar lugar al otro, entonces en la escuela debemos recuperar la importancia de dicho concepto, porque el vínculo educativo implica la relación con el Otro.

La transferencia supone admitir que un vínculo asienta en un vacío; esto es, en tanto no existe para el ser humano un vínculo predeterminado, más bien debe recrearse permanentemente atendiendo a las particularidades de cada sujeto en su relación con el Otro que lo precede, el Otro social, el Otro simbólico. Esto se traduce en la necesidad de construir lazos, atender a las manifestaciones y modos de presentarse de un sujeto, procurando alojarlo en un discurso que propicie su inscripción.

El psicoanálisis nos enseña que hay un tratamiento posible del síntoma por la vía de la relación al Otro, cuando el adulto logra tenerlo en cuenta con una pregunta sobre su sentido que permita alojar la subjetividad del alumno. Por el contrario, muchas veces, ante las urgencias y exigencias institucionales, se ensayan respuestas estandarizadas que van en la línea de la ilusión por una solución rápida. Destacamos el término ilusión, cuando sólo se intenta la eliminación del malestar, sin considerar que éste se desplazará o acallará momentáneamente buscando nuevas formas de tramitación.

Cuando hacemos referencia al *síntoma* es para remarcar que éste siempre tiene que ver con algo singular, mientras que los nombres que se le asignan en las instituciones tienden a generalizar y homogeneizar. A su vez, consideramos al síntoma como una forma de respuesta de un sujeto, en tanto posibilita un anudamiento subjetivo; lo que lo diferencia del trastorno como déficit respecto a cierta normalidad. ¿Qué quiere decir esto? Para el ser humano su relación con la vida no viene dada de antemano, las cosas no vienen ordenadas y reguladas para que todo salga como se espera, sino que un sujeto tiene que salir a buscar la vida, algo tiene que anudarse para él, y así cobrar un sentido. De esta manera, interesarlo y despertarle el gusto y el placer por lo que hace es una de las funciones de la educación.

El síntoma como anudamiento es la forma en que el sujeto ha encontrado para tratar la vida, las cosas que lo implican en la vida.

Hebe Tizio (2005) nos recuerda que si la educación no propone límites, si no educa, se producen dificultades para que la pulsión se ligue a los circuitos más complejos ofrecidos por la cultura. En este sentido, tiene que haber alguien que crea y valore lo que se produce. Sostener al otro en eso posibilita hacer lazo.

De esta manera, la norma, en tanto presencia del Otro que acota pero a su vez da lugar a la pregunta por lo que ocurre, es un *"no"* que puede desplegar algo de lo singular del sujeto. El límite, así entendido, da lugar a facilitar la posibilidad de hacer lazo con el Otro, con lo social.

El psicoanálisis nos permite pensar que ante la complejidad de las problemáticas que hoy nos aquejan, en los espacios de socialización y educación de los niños y adolescentes, no se puede trabajar solo. Por lo tanto, la práctica con otros realza la conversación sobre lo que genera malestar, y hace posibles otros márgenes de trabajo, de abordaje o intervención.

Un breve recorte de una situación acaecida en una escuela pública permite ubicar una respuesta posible. Los nombres identificados en el relato son ficticios.

Luis era un alumno de 15 años, concurría al establecimiento desde los 10. Promediando 2° Año de Educación Secundaria comenzaron a darse cambios muy marcados en su cuerpo y manifestaciones conductuales disruptivas. Se observó que Luis presentaba dificultades para arreglárselas con su cuerpo y con el grupo de pares, pues comenzó con agresiones verbales. Simultáneamente comenzó a golpear a sus compañeros en clases de Educación Física, donde el roce de actividades propiciaba la descarga.

Ante la insistencia de estos modos de presentarse, se tomó la decisión de abordar la situación con entrevistas y seguimiento junto al equipo de profesionales de la escuela. El espacio generado para que pudiera poner en palabras algo de lo que le ocurría, se sostenía. En algún momento pudo transmitir que su familia le prohibía juntarse con amigos y grupo de pares expuestos a situaciones de riesgo, por estar vinculados al consumo de droga. Poco tiempo después protagonizó un episodio de violencia que inmovilizó a toda la escuela: irrumpió en el edificio con mucha energía, como si estuviera fuera de sí. Un docente trató de detenerlo, pero fue empujado con tanta fuerza que cayó al piso. Ingresó a su curso, le pegó una trompada a un compañero, insultó y se retiró.

La gravedad del hecho generó desconcierto y enojo entre docentes y directivos. Durante una entrevista con la psicoanalista, con mucha angustia pudo verbalizar: "No puedo más... he visto cosas terribles, espantosas... no puedo contárselas... me muevo en un mundo oscuro, todo está permitido... no sé cómo voy a salir... no puedo con esto".

El espacio de escucha habilitó que pudiera poner palabras a lo que no podía contar. Entre un espacio y otro, fue encontrando otros modos de estar dentro de la escuela con su grupo de pares.

Palabras finales

La generalidad del término violencia se opone a la particularidad de lo que ocurre en cada situación, como también de lo que concierne a cada sujeto. La complejidad de la temática permite delimitar que una respuesta debe estar lejos de lo previsible o estandarizable, por constituir una vía que sostiene la generalización.

Pensar una solución implica que, como psicoanalistas, no podemos permanecer ajenos a los acontecimientos de nuestro tiempo, luego, es necesario intervenir con prudencia y trabajar apostando a la palabra, dar lugar a la subjetividad. Orientación que daría margen para elaborar una respuesta, cada vez —frente a cada situación— orientada por los detalles singulares de la escena y la particularidad de los sujetos involucrados.

Bibliografía

Biaggio, M. (2011). *El origen de la violencia*. Buenos Aires. Dunken.

Duschatzky, S. y Corea, C. (2002). *Chicos en banda*. Buenos Aires. Paidós.

Freud, S. (1930). *El malestar en la cultura*. Obras Completas. Tomo XXI. (1994).Buenos Aires. Amorrortu.

Freud, S. (1901). *Psicopatología de la vida cotidiana*. Obras Completas. Tomo VI. (1993). Buenos Aires. Amorrortu.

Freud, S. (1905). *El chiste y su relación con lo inconsciente*. Obras Competas. Tomo VIII. (1993). Amorrortu.

Ianni, N. y Pérez, E. (1998). *La convivencia en la escuela: un hecho, una construcción*. Buenos Aires. Paidós.

Kiel, L. (2005). *De sin límites a limitados*. CePA – Secretaría de Educación del Gobierno de Buenos Aires. Argentina.

Lacan, J. (2003). *Seminario Libro 5. Las formaciones del inconsciente*. Buenos Aires. Paidós.

Ons, S. (2009). *Violencia/s*. Buenos Aires. Paidós.

Tizio, H. (2005). *Reinventar el vínculo educativo: aportaciones de la Pedagogía Social y del Psicoanálisis*. España. Gedisa.

7

La escuela actual: ¿obrador o escenario de la violencia?

Mónica Cuello y Natalia Savio

Cotidianamente se hacen presentes casos o situaciones al interior de las instituciones educativas, escenas que son abordadas y (de) enunciadas como hechos de violencia por diversos discursos sociales. Una amplia gama de fenómenos —desde exabruptos verbales hasta eliminar al otro físicamente— son alojados bajo el significante *violencia*, simplificando, de este modo, la complejidad del hecho y desdibujando diferencias.

Asimismo, incrementando el efecto desorientador que esto produce, se advierte la dificultad para reconocer quiénes y de qué manera están comprometidos en dichas escenas. Ante un hecho concreto suele recortarse sólo al sujeto activamente implicado desconociendo al sujeto objeto de la agresión, a los adultos en la institución y sus modos de operar desde la función que les compete, a las particularidades del lazo social de nuestra época, entre otras.

En consecuencia, al homologarse una amplia variedad de situaciones se obtura la posibilidad de precisar matices; luces y sombras que permitan desplegar y discriminar, a modo de figura-fondo, distintos aspectos enlazados en la problemática que nos convoca.

Si bien viejas evidencias sobre el ser humano y su capacidad de agredir, hostilizar, ejercer crueldad, fueron reconocidas por Freud en relaciones de cercanía desde un punto de vista fenomenológico, las tensiones, intersecciones, ambigüedades entre esos tópicos nos interpelan a delimitar bordes que marquen distancias, nexos y articulaciones lógicas. Tomando este último objetivo como norte nos serviremos para ejemplificar el discurso de adolescentes en el escenario escolar. Para lo cual hemos recortado algunas escenas que pudimos escuchar en el transcurso de Talleres realizados por las autoras en una escuela pública de San Luis.

Observamos que la mayoría de las situaciones que los estudiantes destacan en su discurso como "violentas" se relacionarían con lo que Freud (1930) llamó narcisismo de las pequeñas diferencias. En relación a éste plantea:

> No es fácil para los seres humanos, evidentemente, renunciar a satisfacer su inclinación agresiva; no se sienten bien en esa renuncia. No debe menospreciarse la ventaja que brinda un círculo cultural más pequeño: ofrecer un escape a la pulsión en la hostilización a los extraños. Siempre es posible ligar en el amor a una multitud mayor de seres humanos, con tal que otros queden fuera para manifestarles la agresión (1930: 111).

Pequeñas diferencias que intentan operar sobre lo semejante, justificando, utilizando como excusa aún una ínfima distinción para distanciarse y dar curso a la agresividad.

"Ahí no más te dicen *flogger* por el pelo y te agarrás", comentaba un estudiante. "Te miran la ropa, tiene mucho que ver la ropa, las guachas *floggers* te miran", relataba una alumna que señalaba ser víctima de agresiones verbales de otras compañeras.

De esta forma observamos la segregación de lo diferente como parte del proceso de construcción identitaria y propicia válvula de escape de la agresividad en un momento de tensión psíquica como es la pubertad y la adolescencia. Aquello que hace la diferencia y se torna en excusa para hostilizar puede venir de la mano de identificar insignias asociadas a determinados grupos: utilizar cierto corte de pelo, escuchar determinada música o por pertenecer a tal o cual escuela, entre otras.

Otra cuestión relevante en relación a los matices observables en la temática de la violencia podría articularse nuevamente al narcisismo, esta vez en relación a lo especular.

Una digresión, si bien Freud fue trabajando la agresión homologada a la agresividad, será Lacan quien, en su retorno a este autor, se servirá de sus aportes en relación al narcisismo para establecer diferencias entre ambos conceptos.

En este sentido, fundamenta la existencia de la agresividad en la interacción humana en la medida en que se haya alojada de modo estructural en el narcisismo. Así, apoyándose en el estadio del espejo muestra cómo el contraste entre la imagen de completud que ofrece el otro y la propia fragmentación se genera una tensión que involucra a la vez erotismo y agresión. Ambivalencia fundamental ya reconocida por Freud que va a subyacer a todas las formas futuras de identificación y va a constituir una característica esencial del narcisismo.

Este eje de la semejanza y la cercanía con el objeto de hostilidad se ubica como tema central entre los grupos de adolescentes. "A veces te bardeás...", escuchamos en una frase de una estudiante para referirse al acoso o maltrato a otras, lo que lleva a pensar: ¿a quién se bardea cuando uno bardea?, ¿quién soy yo y quién es el otro?, ¿cuándo el otro es espejo de lo que soy?

Si bien el espejo siempre ha sido parte de la constitución subjetiva adquiriendo relevancia en la adolescencia, las intervenciones del mundo adulto permitían la salida de la captura imaginaria, del espejo narcísico.

"Porque te mira y se siente superior te provoca". "El que mira mal... se cree más...". Groso, linda, con plata, copada, como la última expresión "se cree o es más" constituye una buena síntesis, un más que perciben en el otro mostrando en el espejo una imagen de completud que genera una tensión agresiva. Consideramos que es posible constatar que en general en los adolescentes lo que predomina como trasfondo en sus vínculos y malestares subjetivos es la agresividad.

Al respecto Lacan (1948) señala que la agresividad "subtiende la actividad del filántropo, el idealista, el pedagogo, incluso el reformador" (93), dando cuenta de la ubicuidad de la misma. Como presión intencional aquella podría ser leída en el sentido simbólico de las formaciones del inconsciente, en el síntoma, en los actos fallidos, en los sueños.

> Podemos casi medirla en la modulación reivindicadora que sostiene a veces todo el discurso en sus suspensiones, vacilaciones, sus inflexiones y sus lapsus [...] a menudo en las recriminaciones, los reproches [...] La eficacia propia de esa intención agresiva es manifiesta: La comprobamos corrientemente en la acción formadora de un individuo sobre las personas de su dependencia: la agresividad intencional roe, mina, disgrega, castra; conduce a la muerte (96).

Este abanico de fenómenos recorre una serie que va desde la palabra cifrada (síntoma, actos fallidos) pasando por los actos de efecto simbólico hasta la crudeza contundente de la violencia misma hecha acto. Su conceptualización sobre los registros de la experiencia le permite discernir y afirmar que mientras la agresividad se expresa en dichos fenómenos, la agresión se recorta en el acto violento. El acto agota la intención agresiva, la detiene congelándola en consumación.

La intención se expresa en palabras. Se habla mientras se considere la palabra como eficaz, de no ser así acontece el acto. El acto sobreviene cuando la palabra cae. Esta última es pacificadora, mediadora, el acto agresivo es consumación brutal.

En la escuela, mientras que la agresividad podemos encontrarla en distintas y variadas situaciones que implican al otro, las violencias propiamente dichas aparecen en raras ocasiones.

Sin embargo, el interrogante de si este constituiría el único fenómeno de violencia discernible al interior de la escuela, amplió nuestras preguntas en relación a los vínculos con los adultos de la institución educativa.

Al respecto surge reiteradamente en el discurso de los alumnos como principal dificultad el "hacerse escuchar por los profesores" y la particularidad de cumplimiento de las normas. Así planteaban aquellos: "Nos hacen cumplir las normas a nosotros y ellos no cumplen, por ejemplo nos hacen cumplir horarios y los profes llegan media hora tarde; lo mismo con los celulares, o nos dejan sin recreo, toca el timbre y dicen: copien que voy a dictar."

El uso arbitrario de las normas por parte de profesores inhibe el efecto pacificador y ordenador que se espera de la normativa, provocando al contrario tensión, desorden y como consecuencia un creciente malestar en los vínculos institucionales.

En palabras de algunos estudiantes: "Hay un preceptor que te pega fuerte jugando", "por ahí nos agarran del brazo para meterte en el aula", "un profe nos ponía apodos y hasta nos pegó con una regla". ¿Pegar fuerte jugando? Lo que se escapa del circuito de juego no es para nada placentero para el sujeto/objeto de estas situaciones, y lo que se juega activamente es la agresión, en tanto deja entrever la crudeza de la pulsión de muerte.

Consideramos que la percepción que sostienen los grupos de adolescentes se centra en la idea de que "no queda otra, no hay salida más que bancarse impotentemente la situación". Aquellos quedarían instalados en una vivencia de impotencia y temor frente a la ostentación de poder que parecen sostener algunos adultos de la institución. Lejos de tratarse de la legalidad que otorga la autoridad, en estos casos se trata de un poder omnímodo, autoritario en tanto se ubica impartiendo su propia ley. Todo depende de su deseo caprichoso: si quiero hago lo que a mí me parezca con sus pertenencias, si quiero los retengo en el aula el tiempo que se me antoje, desconociendo acuerdos y normativas, si quiero a los repitentes no les explico.

De este modo, la posición sádica que pueden adoptar algunos docentes en determinadas situaciones ejerce una violencia tal que paraliza e impotentiza a los alumnos en una posición de dejarse-hacer.

Ante la pregunta sobre la causa que los lleva a soportar o sostener las situaciones relatadas, suponemos que las claves se articularían con la relación imaginaria que suele atemorizar y capturar a los alumnos en un vínculo de total dependencia sobre el deseo del Otro, tan preocupados por descifrar su capricho cotidiano que podría quedar obnubilado su vínculo con el saber.

Vamos leyendo las claves de una relación imaginaria que atemoriza y captura a los alumnos en un vínculo de total dependencia sobre el deseo del Otro, tan preocupados por descifrar su capricho cotidiano que podría quedar obnubilado su vínculo con el saber.

Asimismo, ¿cómo se pasa de las escenas cotidianas en la escuela en las que la agresividad aparece articulada a intentos de diferenciación esperable en la adolescencia, del narcisismo de las pequeñas diferencias, de la tensión eroto-agresiva puesta en juego en todo vínculo humano, a la emergencia muda del acto violento?

Advertimos la relevancia de la intervención de los adultos en este pasaje. Por un lado, cuando estos violentan de los modos antes descriptos, la palabra pierde su eficacia simbólica, empujando a los sujetos a la agresión. Así, ante la pregunta: ¿por qué me engancho si me siento agredido?, un estudiante expresaba: "Porque uno se cansa de sentirse oprimido, se acumulan pequeñas cosas".

Por otro parte, la abstención de intervenir donando palabras que tramen, anuden para mantener acotada por el campo simbólico la intención agresiva, desampara y favorece dicho pasaje. Como antes describimos el acto sobreviene cuando la palabra cae.

En un claro llamado de los estudiantes a que los docentes no dimitan el lugar y la función que les compete, enunciaban: "Los profes agarran miedo y no dicen nada. El respeto se logra poniendo límites".

A modo de cierre

A partir de los recortes discursivos que nos ofrecen nuestras prácticas clínica, docente e investigativa, tenemos la oportunidad de contrastar ciertos discursos acerca de una supuesta epidemia de violencia. Advertimos que la mayoría de las situaciones que se juegan entre los adolescentes, articuladas según sus actores al significante violencia, estarían enlazadas a fenómenos de agresividad, que en tanto estructurales al ser humano siempre han estado presentes.

En este sentido: la delimitación de pequeños grupos y su intento de diferenciarse, el resorte de la tensión erotoagresiva que se juega con el otro más cercano, el posicionamiento que cada sujeto adopta para vincularse con los otros. En la escuela por ejemplo ser el excluido, el preguntón, hacer-se excluir, maltratar.

Asimismo llama nuestra atención la reiteración en el discurso de los adolescentes de lo que podríamos denominar violencia de la escuela. Es decir aquella que más allá de la agresividad inherente a toda relación humana, se produce en los vínculos propios de la comunidad educativa en el ejercicio de las funciones que les compete a docentes, preceptores y directivos.

Nos parece importante establecer esta puntuación y discriminación en cuanto a la responsabilidad de la institución educativa en el incremento o producción de la violencia. Dado que, así como se rotula de violencia una amplia gama de fenómenos, también se generaliza el uso de la expresión "violencia escolar" sin distinguir si la escuela opera como escenario u obrador de la misma. En este último caso, como explicamos anteriormente hablamos de violencia "de" la escuela, que se pone en juego cuando falla la función subjetivante propia de la misma. Es decir, cuando no logra regular prácticas y vínculos entre los sujetos, promueve y/o incrementa situaciones de violencia. Distinguiéndose de la violencia "en" la escuela, donde esta última se constituye en un escenario más que visibiliza las dificultades que afectan al lazo social en la época actual.

En nuestra opinión la figura del docente y sus intervenciones constituyen un gozne entre los fenómenos de agresividad –esperables de acontecer en la escuela– y los actos violentos. Aquel podría incidir tanto en el incremento o disminución, como asimismo en la producción de fenómenos relacionados con la violencia.

Dicho punto de articulación que configura la intervención del mundo adulto podría leerse en un doble aspecto. Por una parte, con sus acciones o abstenciones provocarían o vaciarían de palabras el aula promoviendo la aparición del acto. Por otra parte y en contraposición, sus intervenciones, en tanto pacificantes podrían incidir en la disminución de fenómenos de agresividad y agresión en la escuela.

De esta manera, así como la falta de intervención de los adultos exacerba la vivencia de peligro y maltrato en el agredido y lo conmina a responder violentamente perpetuando el mecanismo agresivo en la pareja agresor-agredido y la sensación de impunidad. En contrapartida suponemos que una propicia intervención detiene el despliegue de escenas de violencia en la escuela.

Esto último se condice con algunas de las conclusiones obtenidas por el Observatorio Argentino de Violencia en las Escuelas respecto a lo relevado en estas a lo largo de todo el país. Este destaca que cuando los docentes intervienen, los datos obtenidos en un relevamiento realizado a partir de la mirada de los alumnos (años 2005 al 2008) parecen indicar que las situaciones de violencia se reducen notoriamente y, por otro lado, que cuanto mayor es la intervención mayor es el nivel de percepción de la escuela como lugar seguro y capaz de brindar contención.

El observatorio concluye que: "El impacto positivo de la intervención docente en la regulación de los vínculos entre los alumnos se opone a cierto escepticismo que desacredita a los adultos en el ejercicio de su rol" (García Costoya, 2008: 48).

Por nuestra parte, reconocemos la dificultad de algunos profesores para abstenerse de realizar intervenciones que violentan y de otros para dar (la) palabra. Es decir para ofrecer una escucha al otro, un espacio donde los estudiantes puedan tomar la palabra y ser reconocidos en su singularidad, en su diferencia; como asimismo la dificultad para donar palabras, intervenciones, sentidos que ordenen, regulen el acontecer institucional.

Si bien reconocimos estas dificultades y sus efectos, a diferencia del fatalismo y desvalorización del lugar de los adultos en la escuela trasmitidos por algunos discursos, el abordaje de las mismas nos permite coincidir en el actual carácter de imprescindible e irremplazable que tiene la función del docente por sus efectos subjetivantes. Dadas las características peculiares de la época en las cuales hoy se subjetivan niños y adolescentes que dejan entrever el deterioro de la eficacia simbólica en el lazo social, se torna nodal el efecto ordenador y regulador que puede ejercer el docente así como también el corolario de hacer de la escuela un lugar seguro y capaz de ofrecer contención y cuidado a quienes en ella aloja.

"Hacer para que el otro haga" constituye, al decir del pedagogo francés Meirieu (1998), la esencia de la educación; en nuestro recorrido: para que un niño/adolescente se subjetive, es necesario intervenir en relación al saber y, en consecuencia, en sus posibilidades de vincularse con otros.

Bibliografía

Freud, S. (1930 -[1929]). *El malestar en la cultura*. Vol. XXI, Obras completas, (2001). Buenos Aires: Amorrortu.

Lacan, J. (1948). *La agresividad en psicoanálisis*. Escritos I, (2003). Buenos Aires: Siglo XXI editores.

Meirieu, P. (1998). *Frankenstein educador*. Barcelona: Alertes Psicopedagogía.

García Costoya, M. (2008). *Violencia en las escuelas: un relevamiento desde la mirada de los alumnos* (I y II). Buenos Aires: Ministerio de Educación.

8

El lugar de los adultos frente a la emergencia de la agresividad en la institución educativa[1]

MARINA SÁNCHEZ Y SAMANTA DENIA WANKIEWICZ

En el presente trabajo abordaremos uno de los temas más recurrentes que acontecen en las instituciones educativas: "la presencia de agresividad en los alumnos".

Partimos de la concepción tradicional de escuela, considerada como un espacio de socialización de los sujetos, teniendo en cuenta que, en ocasiones, se ve trastocada esta función ante la emergencia de las nuevas formas sintomáticas que se hacen presentes en su seno.

Esto da lugar a un malestar que es expresado por aquellos adultos que conforman la institución. Tal es así que en diversas ocasiones hemos sido convocadas para ofrecer soluciones frente a aquellas situaciones presentadas como "violentas", teniendo siempre como protagonistas a los adolescentes que concurren a la institución.

---

1   El texto forma parte de los avances del Proyecto de Investigación "Educación y Psicoanálisis: consecuencias en el vínculo educativo de las nuevas formas del síntoma que presentan los niños y adolescentes en la época actual" PROICO 4-1714 COD. 22/H456 Ciencia y Tecnología de la Facultad de Ciencias Humanas, UNSL.

Detrás de esta demanda vislumbramos una desresponsabilización de los adultos frente a la problemática convocante ya que no hay preguntas respecto a su implicancia, y por otro lado observamos un intento ilusorio de erradicación de lo que denominan "violencia".

Desde nuestra posición teórica establecemos una diferencia entre violencia y agresividad. La agresividad, tal como la entiende Lacan, es propia de la estructura narcisista, se da en el plano imaginario y se diferencia de la violencia propiamente dicha, la cual está por fuera de la palabra, y por lo tanto corresponde al registro de lo real.

La agresividad puede ser apaciguada —no así desaparecer— a través de la mediación de un elemento simbólico aportado por Otro, pero cuando la palabra agota sus posibilidades es la dimensión de la violencia la que se hace presente.

Para que las instituciones educativas no se pierdan en estas formas sintomáticas emergentes, y puedan sostener su función de socialización y educación de los sujetos, es necesario que los adultos puedan ocupar el lugar del Otro de la cultura, dando espacio a la construcción de una relación asimétrica que es tanto necesaria como posibilitadora para la subjetividad, como también que puedan aportar elementos que permitan mantener cierta regulación de la agresividad.

A partir de lo planteado y teniendo en cuenta esta emergencia de agresividad en las instituciones nos preguntamos si podemos hablar hoy en día de una declinación de la autoridad de los adultos, quienes deberían ejercer su función para regular, prohibir y encauzar a los alumnos que se preparan para afrontar el mundo adulto.

Es este el eje que orienta el presente trabajo, el cual surge de nuestra práctica en una escuela de nivel medio, en la que realizamos tutorías en un segundo año. Experiencia en la que se vislumbra una problemática muy recurrente que se hace oír desde distintas voces: "la presencia de agresividad en los alumnos".

Para abordar la problemática no podemos dejar de considerar el contexto social en el cual se enmarca. Consideramos que en la época actual la familia, como también la escuela y el trabajo, han dejado de ocupar lugares relevantes en el proceso de socialización, quedando esta función en manos de la calle, los pares y los medios de comunicación (Nuñez, 2006). Por otro lado, la cultura en nuestros días se encuentra regulada por las leyes del mercado, el capitalismo global impone su ley, elevando ideales que terminan por estructurar discursos sociales.

Numerosos cambios se han producido en las últimas décadas de un modo muy acelerado, y conjuntamente se han deslegitimado las fronteras que delimitan lo que colectivamente se considera que "debe ser", en referencia a la construcción histórica del pacto social.

Esto nos conduce a la formulación de Lacan sobre la declinación de la autoridad, de la figura paterna que, tal como plantea Goldenberg (2008), tiene como antecedente la frase de Nietzsche "Dios ha muerto", la cual refiere a la caída del mundo de los valores, de los ideales, de los grandes relatos y de los fundamentos. Podría decirse que en el siglo XX se produjo una "descomposición de los ideales, los cuales funcionaban atemperando la agresividad y tensión propias de la civilización" (Tendlarz, 2009: 14).

Para precisar este punto es necesario tener en cuenta que cuando hablamos del padre lo hacemos en un sentido psicoanalítico, "es decir a nivel de un estatuto de leyes universales que homogenizan a todos" (Indart, 2000: 18). Es importante destacar que se trata de un lugar que puede estar ocupado por cualquiera que instaure una ley, no nos remitimos a la ley del padre de la realidad, sino a la ley que circula en la cultura.

Por lo tanto, la decadencia de la función paterna habría que ubicarla en el hecho de que hay gran dificultad en la aplicación de la ley, es decir, no hay quien diga "no", aunque exista la ley en su forma abstracta y todos la conozcan (Indart, 2000).

La caída de la autoridad patriarcal, las nuevas formas de familia y la pérdida de autoridad en que esto deviene, recae también sobre maestros y profesores.

Toda la situación social vivida impacta fuertemente en la institución escolar, tal como plantea Kiel (2005), y ocurre muchas veces que parte del malestar que vivencian se vincula con el hecho de que coexisten concepciones y visiones en puja o en tensión, lo cual genera obstáculos para el sostenimiento de los límites.

Esto refleja cómo lo social hace eco al interior de la institución, de este modo podemos considerar a la violencia que allí emerge como "un síntoma social de aquello que se presenta en la época como la declinación de los ideales, de la figura paterna, de la autoridad y su consecuente descomposición del lazo social". (Castro y otros, 2011: 140).

Ante la emergencia de las nuevas formas sintomáticas, observamos un malestar que es expresado por aquellos adultos que conforman la institución, quienes hacen mención tanto de una violencia física como verbal, dada por burlas, discriminación, insultos, connotaciones peyorativas, entre otras.

La gran mayoría de los actores institucionales con los que se trabajó coincide en que lo que predomina es una violencia verbal dirigida a la imagen del otro. Frente a estas situaciones que se manifiestan como violentas, consideramos necesario establecer la diferencia teórica entre violencia y agresividad mencionada con anterioridad.

El problema de la violencia puede ser tomado por el sesgo de la agresividad imaginaria cuando en determinadas circunstancias ésta deviene en reacciones violentas, o por el lado de la emergencia directa de la tendencia a la destrucción, como "violencia propiamente dicha". Pero tanto la agresividad como la violencia pueden encontrar diversos caminos cuando media lo simbólico, el diálogo, la palabra, y fundamentalmente cuando la cultura ofrece recursos para encauzarlas socialmente de acuerdo a las características de cada época.

Tomando esta perspectiva teórica podemos decir que no observamos en la institución un hecho de violencia, aunque sí de agresividad. La misma no solo se hizo presente en los alumnos, como ponían de manifiesto algunos docentes, sino también en ellos mismos.

Esto fue escuchado en varios encuentros en los que los alumnos presentaron quejas respecto del "maltrato y la falta de paciencia" que algunos profesores tienen para llevar a cabo su tarea de enseñanza, comentando que les "colocan amonestaciones por cosas intrascendentes" y "los nombran con significantes peyorativos", entre otros. Durante nuestra presencia en la institución fuimos testigos de un episodio en el que un docente gritaba a sus alumnos, sin escuchar lo que estos tenían para decirle, buscando tan solo que acaten la orden que él daba. En otra situación una profesora envió a varias de sus alumnas a la regencia para que les coloquen amonestaciones, ellas desconocían las causas. Cuando se le preguntan los motivos a la docente aparecen las siguientes respuestas: "miraba por la ventana", "hablaba con la compañera". La docente no escucha, sólo grita y se queja de "una falta de respeto permanente por parte de los alumnos". Cabe aclarar que estos docentes forman parte de aquellos que nombran a los adolescentes como "violentos". Esto nos lleva a pensar que abandonan su función de referente simbólico en la transmisión de la cultura, no pudiendo sostener las asimetrías necesarias para la construcción de un vínculo que dé lugar al proceso educativo.

Esa asimetría y el lugar que el docente ocupa en ella, lo posicionan como un Otro frente a estos jóvenes, es por esto que resulta de suma importancia considerar qué estatuto adquieren desde ese lugar. Estos docentes parecen hacerlo desde un estatuto de Otro completo, lo que implica que la conversación se vea obstruida. "Una conversación bajo el estatuto del Otro completo implica [...] la preeminencia de la aparición de lo imaginario bajo el tú o yo, o el yo o los otros" (Leserre, 2000: 37). Se cae así en una relación entre semejantes, con las tensiones agresivas propias del registro imaginario.

Pero también encontramos en la institución docentes ubicados en el lugar de Otro barrado. Sostienen una asimetría necesaria para la conformación de un vínculo educativo, dan lugar a la pregunta acerca de lo singular de cada alumno, colocan en primer lugar su condición de adolescentes, lo cual no puede ser menospreciado ya que en este período de la vida, las conceptualizaciones realizadas por Lacan (1949, 2003) en "el estadio del espejo" se vuelven actuales y la rivalidad con el semejante tiende a aparecer en los vínculos ya que, el otro, se convierte en un atentado para la propia integridad narcisista, conmovida por su condición de adolescentes.

Estos docentes ofrecen un espacio para la palabra a partir de la inclusión del otro en la misma y el respeto por las diferencias. De este modo permiten alojar algo de la singularidad del sujeto, y desde su lugar operan como orientadores que limitan y encauzan la pulsión y las manifestaciones agresivas de sus alumnos hacia caminos de socialización.

Es importante resaltar que desde los discursos de los alumnos, ellos reconocen "portarse peor intencionalmente con aquellos docentes por los que se sienten maltratados"; en cambio, dicen "tener un buen trato con aquellos que los respetan y ejercen una función de autoridad", en lugar de un autoritarismo, como intentan hacerlo aquellos docentes que describimos primeramente.

Como plantea Tizio (2005), hoy ya no se necesita una autoridad anudada al castigo como ha existido en otros tiempos bajo la figura de un padre temido, se precisa más bien una figura que opere como orientador. Una autoridad pragmática, flexible, que ofrezca instrumentos para que cada uno haga su propio trabajo. Se trata de una autoridad que autorice y permita construir. El castigo en la época actual ya no tiene efecto, no funciona como ejemplificador, tal como lo hacía décadas atrás.

Varios de los docentes, incluso la misma regente comentan que para los alumnos las amonestaciones resultan "trofeos". En relación a esto, hay adolescentes que manifestaron que tienen compañeros excedidos en amonestaciones pero que a ellos "no les importa".

Esto también podemos ilustrarlo a través de los dichos de una alumna respecto a un compañero que parece generar molestias en los demás con sus burlas. Comenta que siempre se apela, desde la institución a la puesta de llamados de atención, pero que no se obtienen resultados con esto, considera que, en cambio, deberían hablar con él ya que tiene algunas condiciones familiares problemáticas que lo llevan a actuar de ese modo. Como plantea Zelmanovich (2003) se necesita de un Otro en su faz de amparo y protección, que aporte significantes que le permitan al sujeto simbolizar la realidad a la que está expuesto.

Ocurre que en esta institución varios alumnos reclaman la falta de cumplimiento de las normas, y la ausencia de alguien que las haga cumplir, lo cual nos lleva a pensar en un corrimiento de los adultos de su función. Esta ausencia de adultos no se da sólo en la institución. Algunas docentes dicen percibir que los alumnos se encuentran muy solos, haciendo referencia a la ausencia de padres. Algunas de ellas comentan que cuando realizan reuniones para padres, en su mayoría no asisten.

Nos preguntamos si podemos hablar en la actualidad de un borramiento por parte de los adultos, de aquellas escenas en las que deberían regular, prohibir y encauzar a los adolescentes.

Zelmanovich (2003) plantea que los adultos debieran habilitar espacios de protección para los alumnos, ofreciéndoles la posibilidad de que puedan convertirse en sujetos de palabra, para lo cual se hace necesaria la presencia de adultos dispuestos a sostener la apuesta de que tienen algo para dar, y de este modo, mantener el lugar de mediadores con la sociedad y con la cultura. La autora considera que:

> Se trata de encontrarnos los adultos en una misma apuesta, la de encarnar para nuestros alumnos a un Otro disponible, que pueda ejercer funciones subjetivantes. Una apuesta a ofrecer un espacio abierto capaz de suscitar el deseo del sujeto, que en el caso del niño es el juego, la narrativa, la ficción, y en el caso del adolescente son los ensayos y la posibilidad de construir una ilusión, un proyecto (19).

Hoy la escuela se encuentra frente al desafío de ofrecer al alumno las condiciones para que se inicie en una búsqueda personal y social, para encauzar el potencial en bruto con el que llega.

Bibliografía

Castro, M.P., Lamota, V. y Carraro, I. (2011). "Adolescencia en la hipermodernidad". En Goldemberg, M. (comp.), *Violencia en las escuelas*. Buenos Aires: Grama.

Freud, S. (1930 -[1929]). *El malestar en la cultura*. Vol. XXI, Obras completas, (2001). Buenos Aires: Amorrortu.

Goldenberg, M. (2008). "Lazo social y violencia". En Observatorio Argentino de Violencia en las Escuelas. Cátedra abierta: Aportes para pensar la violencia en las escuelas. Buenos Aires: Ministerio de Educación de la Nación.

Indart, J. C. (2000). *La cuestión de la decadencia de la función paterna*. San Luis: Biblioteca de psicoanálisis Eugenia Sokolnicka.

Kiel, L. (2005). *De sin límites a limitados*. Escuela de capacitación CePA. Centro de pedagogías de anticipación. Secretaría de Educación, Gobierno de la Ciudad de Buenos Aires.

Leserre, A. (2000). "El estatuto del Otro en la conversación". En Revista Más uno N° 6, noviembre de 2000, Buenos Aires, EOL.

Tendlarz, S. y García, D. (2009). *Psicoanálisis y criminología. ¿A quién mata el asesino?* Buenos Aires: Grama.

Tizio, H. (coord.). (2005). "La posición de los profesionales en los aparatos de gestión del síntoma". En *Reinventar el vínculo educativo: aportaciones de la Pedagogía Social y del Psicoanálisis* (165-183). Barcelona, España: Editorial Gedisa.

Tizio, H., Nuñez, V. (2005). *Reinventar el vínculo educativo: aportaciones de la Pedagogía Social y del Psicoanálisis.* España: Gedisa.

Zelmanovich, P. (2003). "Contra el desamparo". En Dussel, I. y Finocchio S. (comp.). *Enseñar hoy. Una introducción a la educación en tiempos de crisis.* Buenos Aires: Fondo de Cultura Económica.

Sobre las autoras

Norma Alicia Sierra

Licenciada en Psicología por la Universidad Nacional de Buenos Aires. Especialista en Educación Superior. Alumna de la Maestría en Educación Superior de la Universidad Nacional de San Luis. Egresada del Instituto Clínico de Buenos Aires. Docente de la Facultad de Ciencias Humanas de la Universidad Nacional de San Luis. Directora del Proyecto de Investigación "Educación y Psicoanálisis: Consecuencias en el vínculo educativo de las formas del síntoma que se presentan en los niños y adolescentes en la época actual", de Ciencia y Tecnología de la FCH de la UNSL: PROICO 4-1714. COD 22/H456. Correo electrónico: norma.alicia.2011@gmail.com

Diana Andrea Delfino

Licenciada en Psicología. Psicoanalista. Alumna de la Especialización en Educación Superior de la UNSL. Docente de la Facultad de Psicología de la Universidad Nacional de San Luis. Integrante del Proyecto de Investigación "Educación y Psicoanálisis: Consecuencias en el vínculo educativo de las formas del síntoma que se presentan en los niños y adolescentes en la época actual", de Ciencia y Tecnología de la FCH de la UNSL: PROICO 4-1714. COD 22/H456.

Marisa Viviana Ruiz

Licenciada en Psicología. Alumna de la Especialización en Educación Superior de la UNSL. Docente de la Facultad de Psicología de la Universidad Nacional de San Luis. Integrante del Proyecto de Investigación "Educación y Psicoanálisis: Consecuencias en el vínculo educativo de las formas del síntoma que se presentan en los niños y adolescentes en la época actual", de Ciencia y Tecnología de la FCH de la UNSL: PROICO 4-1714. COD 22/H456.

Claudia Belardinelli

Licenciada en Educación Especial. Alumna de la Especialización en Educación Superior de la UNSL. Docente de la Facultad de Ciencias Humanas de la Universidad Nacional de San Luis. Integrante del Proyecto de Investigación "Educación y Psicoanálisis: Consecuencias en el vínculo educativo de las formas del síntoma que se presentan en los niños y adolescentes en la época actual", de Ciencia y Tecnología de la FCH de la UNSL: PROICO 4-1714. COD 22/H456.

Noelia Castillo

Licenciada en Psicopedagogía por la Facultad de Ciencias Humanas de la Universidad del Museo Social Argentino. Profesora en Educación Inicial y Profesora en Educación General Básica 1° y 2° Ciclo por la Universidad Nacional de Tucumán. Alumna de la Especialización Psicoanálisis y Prácticas Socio-educativas en la Facultad Latinoamericana de Ciencias Sociales. Docente de la Facultad de Ciencias Humanas de la Universidad Nacional de San Luis. Integrante del Proyecto de Investigación "Educación y Psicoanálisis: Consecuencias en el vínculo educativo de las formas del síntoma que se presentan en los niños y adolescentes en la época actual", de Ciencia y Tecnología de la FCH de la UNSL: PROICO 4-1714. COD 22/H456.

Mónica Cuello

Licenciada en Psicología. Psicoanalista. Alumna del Doctorado en Psicología de la UNSL. Docente de la Facultad de Ciencias Humanas de la Universidad Nacional de San Luis. Integrante del Proyecto de Investigación "Educación y Psicoanálisis: Consecuencias en el vínculo educativo de las formas del síntoma que se presentan en los niños y adolescentes en la época actual", de Ciencia y Tecnología de la FCH de la UNSL: PROICO 4-1714. COD 22/H456.

Graciela Pellegrini

Licenciada en Psicología. Psicoanalista. Especialista en Constructivismo y Educación por la Facultad Latinoamericana de Ciencias Sociales. Docente de la Facultad de Ciencias Humanas de la Universidad Nacional de San Luis. Integrante del Proyecto de Investigación "Educación y Psicoanálisis: Consecuencias en el vínculo educativo de las formas del síntoma que se presentan en los niños y adolescentes en la época actual", de Ciencia y Tecnología de la FCH de la UNSL: PROICO 4-1714. COD 22/H456.

Patricia Gabriela Pérez

Licenciada en Educación Inicial. Alumna de la Especialización en Educación Superior de la UNSL. Docente de la Facultad de Ciencias Humanas de la Universidad Nacional de San Luis. Integrante del Proyecto de Investigación "Educación y Psicoanálisis: Consecuencias en el vínculo educativo de las formas del síntoma que se presentan en los niños y adolescentes en la época actual", de Ciencia y Tecnología de la FCH de la UNSL: PROICO 4-1714. COD 22/H456.

Marina Sánchez

Profesora en Psicología. Alumna de la Licenciatura en Psicología de la Universidad Nacional de San Luis. Pasante del Proyecto de Investigación "Educación y Psicoanálisis: consecuencias en el vínculo educativo de las nuevas formas del síntoma que presentan los niños y adolescentes en la época actual", de Ciencia y Tecnología de la FCH de la UNSL: PROICO 4-1714. COD 22/H456.

Natalia Savio

Licenciada y Profesora en Psicología. Alumna de la Especialización en Psicoanálisis con Niños de la Universidad de Ciencias Empresariales y Sociales. Docente de la Facultad de Psicología de la Universidad Nacional de San Luis. Integrante del Proyecto de Investigación "Educación y Psicoanálisis: Consecuencias en el vínculo educativo de las formas del síntoma que se presentan en los niños y adolescentes en la época actual", de Ciencia y Tecnología de la FCH de la UNSL: PROICO 4-1714. COD 22/H456.

Laura Noemí Schiavetta

Licenciada en Psicología. Especialista en Gestión Educativa. Egresada del Instituto Clínico de Buenos Aires. Docente de la Facultad de Psicología de la Universidad Nacional de San Luis. Integrante del Proyecto de Investigación "Educación y Psicoanálisis: Consecuencias en el vínculo educativo de las formas del síntoma que se presentan en los niños y adolescentes en la época actual", de Ciencia y Tecnología de la FCH de la UNSL: PROICO 4-1714. COD 22/H456.

Samanta Denia Wainckewicz

Licenciada en Psicología por la Universidad Nacional de San Luis. Integrante del Proyecto de Investigación "Educación y Psicoanálisis: consecuencias en el vínculo educativo de las nuevas formas del síntoma que presentan los niños y adolescentes en la época actual", de Ciencia y Tecnología de la FCH de la UNSL: PROICO 4-1714. COD 22/H456.

www.ingramcontent.com/pod-product-compliance
Lightning Source LLC
Chambersburg PA
CBHW020709270326
41928CB00005B/336